QUESTION

DE

MADAGASCAR

TRAITÉE AU POINT DE VUE

DE L'INTÉRÊT FRANÇAIS

ET DU DROIT PUBLIC EUROPÉEN.

BORDEAUX,

IMPRIMERIE DE P. COUDERT, RUE PORTE-DIJEAUX, 43.

—

1846.

AVANT-PROPOS (1).

La question qu'ont fait naître les événemens arrivés dans le cours de l'année 1845, sur la côte orientale de Madagascar, est, en quelque sorte, encore, à l'ordre du jour, et l'opinion publique ne peut manquer de s'intéresser à tout ce qui s'y rattache. Les récits dont la presse a retenti à une date fort récente, ont même ravivé le débat sur ce point, et donnent à toute exposition un caractère d'actualité incontestable. — Un homme qui possède, sur ces contrées, sur les mœurs, le naturel malgaches et sur les ressources du gouvernement Hova, des notions étendues, le capitaine Garnot, a bien voulu nous mettre à même de jeter quelque lumière sur cette partie de notre politique extérieure. Dans ce but, il a mis à notre disposition les notes et documens qu'il a recueillis dans ses divers voyages à Madagascar. Ce marin est le même qui, en 1837, après avoir séjourné à diverses reprises dans l'intérieur de l'île, fut chargé, par la reine des Hovas, de conduire les six ambassadeurs malgaches envoyés en France et en Angleterre (2). M. Garnot possède sur la question Malgache, des connaissances qui sont d'un véritable prix dans la circonstance actuelle, et qui nous permettent de traiter avec quelque avantage une des questions les plus importantes de notre politique extérieure (3).

(1) Le mémoire qu'on va lire a reçu dans les colonnes du journal de Bordeaux *l'Indicateur* une publicité qui a été favorablement accueillie dans le monde politique. Tel est le motif qui a porté l'auteur à réunir sous forme d'opuscule les articles dont se compose cette première publication (Voir *L'Indicateur* du mois d'août 1846).

(2) Voici ce qu'on lisait, en 1837, dans le *Journal du Havre* :

Voyages de six jeunes ambassadeurs malgachès en Europe.

« Le capitaine Garnot, qui s'est trouvé chargé par la reine des Hovas de conduire et d'accompagner en France et en Angleterre ces six envoyés, a depuis quelque temps fréquenté assez Madagascar pour être à même de nous donner sur cette île et sur les dispositions politiques de la souveraine qui la gouverne, des renseignemens au moins aussi sûrs que ceux qui paraissent remonter à une époque déjà fort reculée. C'est donc à ce capitaine, aussi distingué par ses qualités personnelles que par son zèle pour l'extension du commerce français, que nous aurons recours pour offrir à nos lecteurs une idée générale de la position du gouvernement madécasse par rapport à nous, et de l'intérêt que nous aurions à cultiver les heureuses dispositions que les Malgaches montrent aujourd'hui en faveur de la France. » (Extrait du *Journal du Havre*.)

(3) Nous refusons de croire, jusqu'à preuve contraire, que notre gouvernement puisse jamais se décider à réunir ses forces, son influence à celles de l'Angleterre pour résoudre la question présente. La situation toute exceptionnelle de la France dans ce débat, ses droits constamment réservés sur la côte orientale de l'île, ne nous permettent pas de confondre avec un autre peuple nos efforts pour arriver à la solution d'un semblable différend.

QUESTION

DE

MADAGASCAR,

TRAITÉE AU POINT DE VUE DE L'INTÉRÊT FRANÇAIS

ET DU DROIT PUBLIC EUROPÉEN.

CHAPITRE I.er

SITUATION ACTUELLE. — COUP D'OEIL SUR LE PAYS AVANT L'AVÉNEMENT DE LA REINE AU TRÔNE DES HOVAS.

L'esprit public s'est ému, et cela devait être, des résultats de notre démonstration sur la côte orientale de Madagascar. Le traitement infligé par des sauvages aux marins de deux nations puissantes , a blessé d'autant plus vivement les susceptibilités de la France, qu'il s'agit là de droits anciens violés pour la seconde fois, alors que ces droits reposent sur une possession recommandable. Personne n'a oublié , en effet , la fatale tentative de 1829 , époque où l'on vit nos troupes s'enfuir devant les Hovas (1), et opérer , à la hâte , un rembarquement honteux (2).

(1) *Hova*, que les naturels prononcent *ouva* et non *ova*. (Voir le dictionnaire malgache-anglais : *N'y Dikisionary mis ara roa, english, sy malagasy ary malagasy sy eng lish*, 1835 : an *Tananarivo*.)

(2) L'on ne peut raisonnablement donner le nom d'expédition à l'envoi sur la côte de Madagascar de deux ou trois cents hommes de débarquement chargés, sous M. le capitaine de vaisseau Gourbeyre, commandant alors la *Terpsichore*, d'aller tirer satisfaction des violences qu'on assurait avoir été exercées sur la personne d'un traitant français. Cette manifestation intempestive, à laquelle crut devoir se déterminer le gouverneur de Bourbon, eut pour résultat l'abandon du fort de *Tintingue* qui fut évacué par nos troupes le 3 juillet 1831.

En présence de ces échecs renouvelés à quinze ans d'intervalle , la presse française a fait vivement écho et l'attention des esprits sérieux a dû se porter naturellement sur la question que font naître les événemens arrivés en juin 1845. Les souvenirs de notre ancienne position dans cette partie de l'Océan indien se sont réveillés en foule : l'on s'est demandé si le moment n'était pas venu pour la France de ressaisir et de consacrer, d'une manière définitive, les précieux avantages de son antique domination ; question grave, question immense au point de vue de notre commerce, de nos intérêts coloniaux et de la politique extérieure.

Il ne faut pas croire en effet qu'il suffise, en cette occasion, de prendre conseil des légitimes susceptibilités de l'esprit public ; l'éloignement où nous sommes du théâtre des événemens , le caractère , l'étendue de nos droits, — pour nous Madagascar, comme point de ravitaillement, est une station commandant en quelque sorte la route de l'Inde ; — les difficultés, enfin, locales ou générales, que peut rencontrer en cette occasion la politique de la France, telles sont les graves considérations qui , dans la circonstance actuelle , rendent une solution difficile. Nous ne croyons pas nous tromper , au surplus , en affirmant que la question est depuis long-temps à l'étude dans les hautes régions du pouvoir. Le soin avec lequel le ministère de la marine a fait relever, depuis plusieurs années particulièrement, tous les points de la côte orientale d'Afrique offrant quelque importance ; les nombreux sondages opérés dans tout le périmètre de Madagascar; les observations auxquelles se sont livrés, sous le ministère des amiraux Roussin , Rosamel et de Mackau , les officiers les plus distingués de notre marine , tout cela témoigne d'une haute sollicitude (1). D'un autre côté, la préoccupation , il faut le dire, n'est pas moins grande à cet égard chez nos voisins d'Outre-Manche. Les magnifiques cartes-marines dressées en 1824 et 1825 par divers officiers de la marine britannique, sous la direction intelligente du capitaine F. Owen , le prouveraient jusqu'à l'évidence. Dans ces remarquables travaux hydrographiques tous les noms indigènes ont disparu pour faire place à une nomenclature de fabrique anglaise. Les noms de *British Soands*, *English Bay*, *Port Chancelor* , *Windsor-Castle* , *Port Jenkinson* , *Port Liverpool*, *Irish Bay*, ont fait justice des dénominations anciennes les plus accréditées, et figurent à l'œil une possession anticipée.

A cette même époque (1824), au surplus , la puissance anglaise pesait, graces à ses missionnaires, sur les moindres déterminations du gouvernement de Madagascar. Dans les voies de réforme où s'était résolument engagé Radame , souverain de l'île , et que son génie plaçait bien au dessus de sa nation , l'influence du nom anglais fut en raison de l'appui que ce peuple prêtait au prince réformateur. Cette influence ,

(1) Voir dans le précieux recueil des *Annales maritimes et colonialcs*, publié par M. Bajot, conservateur des bibliothèques de la marine et des colonies, les renseignemens importans fournis par M. le lieutenant de vaisseau *Bona Christave*, en 1844, sur Madagascar, et en 1843 par M. *Guillain*, capitaine de corvette , dans son rapport détaillé sur le commerce de cette île, par rapport à l'île de Nossi-Bé.

qui remontait à 1816 , grandit incessamment à mesure que s'étendirent les triomphes de Radame sur les divers peuples de l'île. Mais la suite prouva bientôt que cet ascendant tenait à l'existence d'un seul homme. — Radame mort, c'est-à-dire dès 1828 , l'astre de nos voisins pâlit visiblement ; l'avénement de la reine actuelle au trône des Hovas fut comme le signal d'une puissante réaction. L'on vit insensiblement les anciens usages revivre, le nombre des écoles à la Lancastre se réduire, et l'édifice d'une civilisation naissante activement miné. — Un peu plus tard, il n'est plus possible aux missionnaires anglais de rester dans cette île, où la Bible est mise à l'*index*, et les malheureux Malgaches gémissent sous la domination des Hovas qui , plus que jamais, les traitent en esclaves.

Tel est , à l'heure où nous parlons , le véritable état des choses à Madagascar. C'est surtout en considérant l'état présent à ce point de vue que l'on déplore la circonstance qui , confondant les griefs de deux nations puissantes, a mêlé nos armes à celles de l'Angleterre.—Autant, en effet, le nom anglais est vu d'un œil peu favorable à Madagascar, autant le peuple Malgache a de sympathies pour les Français, dont il aime à suivre les usages (1). Cela tient sans doute à l'influence d'une possession déjà ancienne , quoique partielle ; puis, la France est pour tous ces peuples la grande nation, le pays par excellence : *Tany-Bé le grand pays ;* c'est le nom qu'ils lui donnent dans leur langage. Si le gouvernement hova a redouté pendant quelque temps les atteintes de l'ambition britannique, il a pu faire d'un autre côté de profondes différences entre notre conduite et celle de nos voisins, toujours prêts à tenir peu de compte des droits du faible. — C'est ainsi que pour approvisionner Maurice *en travailleurs*, ou plutôt en esclaves d'un nouveau genre , les Anglais ne se sont jamais fait scrupule d'enlever sur la côte de Madagascar des familles entières, qui sont ainsi pour toujours transplantées loin de leur patrie. Vainement la reine a cherché à mettre obstacle, par les défenses les plus rigoureuses, à cette violation du droit des gens , le gouverneur de Maurice, peu touché de ces démonstrations, n'en a pas moins continué à favoriser un tel trafic. L'on peut même affirmer que les complications survenues en 1845 sont la conséquence de cette

(1) Presque tous les mois, dit le capitaine Garnot, il y a bal chez la reine *Ranavalona Manjaka*, et non pas comme l'écrivent de prétendus anciens résidans, *Ramanavalo*. On se réunit à cet effet dans une cour de l'intérieur du palais, et la reine, entourée de ses dignitaires, est placée dans une galerie couverte d'où elle préside la fête.

Pour se rendre à ces bals, les dames sont vêtues à la *Française ;* elles portent des robes de velours ou de satin brodées en or ou en argent, mais on préfère les premières. Les couleurs qui dominent sont le *bouton d'or*, le *bleu* et le *vert ;* le *ponceau* n'est porté que par la première *noblesse. Les danses françaises* commencent et ouvrent le bal au son de la musique militaire. Cette musique , dont l'institution est due à Radame, est assez passable. — Après les danses européennes viennent les danses *malgaches* et *sakalaves*, qu'on exécute au son des instrumens du pays. Ces instrumens sont le *tam-tam* et de longs tubes en bambou dont l'écorce a été détachée par petites lanières de manière à produire un son qui rappelle celui de la guitare.

odieuse conduite (1). Au contraire, l'occupation par la France, depuis 1642, de plusieurs points importans de la côte orientale, a fait de cet immense littoral une région pleinement accessible à nos mœurs, à notre langage. La population malgache de cette partie de l'île, mise en rapport constant avec des traitans français ou qui parlent notre langue, a donné à ses sympathies une direction qui est loin de nous être défavorable : c'est ce qui est attesté par une foule de rapports de mer, et ce qui résulte au surplus des relations constantes de Bourbon avec Madagascar. D'où l'on voit que la France et l'Angleterre étaient loin de se trouver, en dernier lieu, dans des positions identiques. Aussi, ce qui est presque toujours une faute et une cause d'embarras, savoir l'union de deux grands peuples dans un but commun de conquête ou de représailles, a été, dans la circonstance présente, un manque de politique qu'il faut essentiellement déplorer. Si les intérêts de la France et du peuple anglais exigent parfois, ce qui est assez rare, une action combinée, il convient, en de tels cas surtout, de se déterminer par des motifs puissans.

S'il ne s'agissait au surplus, dans la circonstance présente, que d'infliger à des barbares quelque dure correction dont ils pourraient garder le souvenir, il n'y aurait pas lieu de se préoccuper beaucoup ; mais la question, telle que les derniers événemens l'ont faite, veut être prise de plus haut. Il s'agit, en effet, pour nous, à cette heure, de droits violés, d'une domination ouvertement combattue et qui est près d'échapper. Or, le voisinage de Bourbon, l'intérêt de nos établissemens dans l'Inde, quelque déchus qu'ils soient de leur grandeur première, ne nous per-

---

(1) La côte orientale est le siége de nombreuses ventes de bœufs qu'on embarque pour Bourbon et Maurice. L'expédition de ce bétail entraîne après elle l'embarquement d'un certain nombre de naturels chargés à bord du soin de ces animaux. Trois ou quatre hommes suffisent généralement pour chaque navire ; leur mission remplie, ils doivent rentrer à Madagascar. Les Anglais de Maurice, gens fort hostiles à la traite, mais que leur intérêt ne touche pas médiocrement, ont recours à un ingénieux moyen pour se procurer les travailleurs dont manque cette colonie. À peine les Malgaches confiés à la foi commerciale ont-ils touché à Maurice qu'on met tout en œuvre pour les retenir et les dissuader de retourner à Madagascar. Les choses sont même allées plus loin dans ces derniers temps. Nous avons dit que trois ou quatre hommes suffisaient aux besoins de chaque navire : au lieu de ce faible nombre, les Anglais ont fini par embarquer en de tels cas 40 à 50 hommes, ce qui est pour Madagascar une œuvre de dépeuplement à laquelle le gouvernement de l'île ne pouvait rester indifférent. La reine des Hovas a inutilement réclamé contre un semblable abus. Pour y mettre un terme, elle avait rendu un ordre qui défendait à tout Malgache, *sous peine de mort,* de fréquenter le rivage et de *baigner ses pieds dans l'eau de la mer*; ce sont les termes de l'ordre royal.

«J'ai vu à Madagascar, nous dit le capitaine Garnot, un Arabe nommé Boyne, établi sur la côte, auquel les Anglais de Maurice ont ainsi enlevé sa femme et les nombreux esclaves composant sa fortune. Ruiné, désespéré par cet acte de spoliation le malheureux alla lui-même à Maurice réclamer son bien : *Tu demandes tes esclaves,* lui fut-il répondu ; *il n'y a pas d'esclaves ici.* »

Cela était exact; mais quel nom donner à ce mépris flagrant du droit des nations, à cette dérisoire philantropie sous laquelle se cachent incessamment toutes les apretés du gain ?

mettent pas d'envisager ce qui se passe d'un œil indifférent. En supposant que la France ne pût songer à étendre sur l'île entière sa domination, il y aurait au moins nécessité de faire reconnaître hautement et pour toujours des droits trop oubliés. Il n'est, dès-lors, pas surprenant de voir les esprits sérieux se préoccuper de la situation présente et lui donner toute leur attention. Les moyens d'action que possède la France, les obstacles qu'elle peut rencontrer, tant du côté des peuplades lointaines qu'il s'agit de combattre, que du côté de la politique extérieure, tout cela est à considérer sous l'influence de notions locales exactes, de manière à opérer dans un intérêt national bien compris.

L'éloignement où nous sommes de Madagascar fait que tout ce qui touche à cette vaste étendue de pays est généralement peu connu, mal apprécié par suite. Tout ce que l'on sait de cette île, c'est qu'elle est immense; qu'elle figure, par sa grande étendue, une sorte de continent, et que les Français, après avoir formé de nombreux établissemens sur la côte orientale, ont fini par être forcés de se retirer sur l'îlot voisin de *Ste-Marie*, laissant aux mains de la puissance hova les forts de *Tamatave, de Tintingue, Foulpointe*, et le *fort Dauphin*, lui-même, long-temps occupé par la compagnie des Indes. A ces notions incomplètes, ajoutons l'opinion généralement répandue de l'insalubrité du climat dans ces parages, insalubrité qui aurait pour effet inévitable d'engendrer des fièvres qui rendent ce séjour mortel aux Européens. Remarquons, pour être exact, qu'il n'est pas rare, et cela s'est vu récemment, de voir quelques esprits s'appuyant d'une expérience qu'ils n'ont pas, chercher à entretenir sur ce point les préventions du public, de manière à multiplier aujourd'hui même les obstacles et les embarras (1).

Il s'en faut de beaucoup cependant, et l'on en aura bientôt la preuve, que tout se réduise à ces simples termes dans la question que font naître les événemens dont la côte orientale de Madagascar a été tout récemment le théâtre. Or, en présence de l'expédition qu'on paraît avoir seulement ajournée, c'est par des détails empruntés à la statistique qu'il convient de donner aux choses leur physionomie de manière à influer utilement sur la solution à venir : tel est le but de cet exposé.

La découverte de Madagascar, qui s'étend dans le canal Mosambique du N.-N.-E. au S.-S.-O., depuis le 12.me jusqu'au 26.me degré de latitude sud, entre le 44.me et le 48.me degré de longitude orientale, comprend en longueur, depuis le camp d'Ambre, formant son extrémité nord jusqu'au cap Ste-Marie, qui forme l'extrémité sud de cette île, un espace que les plus récentes appréciations portent à 290 lieues marines. Cette mesure représente environ 360 lieues ordinaires. Sa longueur, de l'est à l'ouest, dans la partie la plus étendue, est d'environ 100 lieues marines ; la distance qui sépare Madagascar de l'île Bourbon, est d'environ 140 lieues. Elle peut être franchie en deux ou trois jours pour se rendre de Bourbon à la côte orientale de l'île, les vents étant pres-

---

(1) Tel est assurément le but que s'est proposé l'auteur fort peu compétent d'un écrit en quelques pages sur Madagascar, envisagée au point de vue de la *situation actuelle*. Il serait trop long d'énumérer les exagérations, les erreurs de toute nature que renferme cet opuscule daté de 1845.

que toujours favorables (1). La petite île de *Nossi-Bé*, dont la France est en possession depuis 1840, figure sur la côte occidentale de Madagascar, dont elle est à peine séparée par une distance de trois lieues. Plus loin, et vers ces mêmes bords du canal Mosambique, on rencontre l'île *Mayotte*, soumise également depuis peu à l'influence de notre domination.

La découverte de Madagascar, dans l'Océan indien, est due aux Portugais, s'avançant en 1506, sous la conduite de *Lorenzo Almeyda*, dont le père, don Fernando Almeyda, était investi de la vice-royauté des Indes pour le Portugal. C'est de là qu'est venu originairement le nom d'île *San-Lorenzo* ou île *St-Laurent*, nom que Madagascar a porté pendant le 16.me siècle. Il convient cependant de rappeler que dès le 13.me siècle, le célèbre voyageur vénitien *Marco Polo* fournit une description de cette île. Le courageux explorateur de cette région ignorée, donne sur cette contrée, à laquelle, du reste, il consacre le nom actuel de Madagascar, des détails qui, pour n'être pas tous d'une parfaite exactitude, n'en sont pas moins précieux à consulter. Cette relation, fort ancienne (1271 à 1295), confirme en effet à certains égards les observations de la science moderne. Voici comment s'exprime, d'après une traduction de 1556, l'illustre voyageur :

« À l'issue de l'île de Scoira, tirant vers midi par 850 lieues, on vient de l'île de Madagascar, qui est réputée et nombrée entre les plus grandes et les plus opulentes îles du monde, car on dit qu'elle contient de tour et de circuit environ 4,500 lieues. Les habitans d'icelle sont mahométismes et n'ont aucun roi particulier, mais il y a quatre anciens magistrats qui gouvernent et commandent sur toute l'île. Au regard de la mer adjacente, on y prend plusieurs grandes baleines desquelles on retire l'ambre précieux. De toutes parts, les marchands affluent et s'assemblent en cette île, parce que *le navigage y est facile et le flot de la mer y aide grandement*, en sorte que de la province de Maabar, en moins de vingt jours, on vient à l'île de Madagascar. »

Le récit de Marco Polo, en ce qui touche les facilités de la navigation aux alentours de Madagascar, est pleinement confirmé par des relations modernes dignes de foi. Tout en établissant une différence entre les mouillages qui existent sur la côte occidentale et sur celle de l'est, M. le lieutenant de vaisseau Bonn Christave vient à l'appui de la description qui précède, dans son travail *géographique et topographique* sur Madagascar :

« Tandis que la côte orientale et la côte du sud, dit cet officier, ne présentent qu'un bord droit qui n'offre aucun abri sûr aux navires, les côtes septentrionales et occidentales sont découpées en un grand nombre de baies spacieuses d'un accès facile et d'un bon mouillage (2). »

(1) L'abbé Raynal, dans son *Histoire Philosophique*, se rapprochait de cette appréciation lorsqu'il donnait à l'île qui nous occupe une longueur de 336 lieues et une largeur de 120 dans la partie la plus étendue; cet auteur portait à 800 lieues la circonférence de Madagascar.

(2) Remarquons en passant que les parties de la côte affectées à la domination française sont celles qui précisément offrent le moins d'abri aux vais-

Le chiffre de la population de Madagascar est diversement apprécié, suivant que le fait observer dans sa notice le révérend J.-J. Freeman, missionnaire anglais, qui habitait encore cette île en 1834. Vers le mi‑lieu du 17.me siècle, Martin Flacourt, auquel fut confié, par suite de ses mémoires sur Madagascar, le commandement du fort Dauphin, évaluait à un peu moins de deux millions d'ames la population malgache. C'est cette évaluation à laquelle s'arrête Balby. Toutefois, à la même épo‑que, l'ancien bibliothécaire de l'Académie royale de marine, le naviga‑teur Rochon, chargé en 1768 de reconnaître les îles et les écueils qui sé‑parent les côtes de l'Inde des îles de France et Bourbon, portait à qua‑tre millions le chiffre de cette même population. Le missionnaire J.-J. Freeman adopte cette opinion. Tel est aussi le chiffre admis par le capi‑taine Garnot, que ses voyages à Madagascar, et sa résidence à plusieurs reprises dans l'intérieur de l'île durant les années 1835 et 1837, ont mis parfaitement à même de s'éclairer sur ce point. M. Garnot ajoute que le peuple hova, qui domine la majeure partie de la population, entre dans ce chiffre pour un dixième environ. La force militaire du peuple hova consiste en une armée de 30,000 hommes assez mal disciplinés quoique manœuvrant à l'européenne. Du vivant de Radame, l'armée hova n'excé‑dait pas huit à dix mille hommes : c'est cependant avec des forces aussi minimes que ce prince parvint, il y a vingt-cinq ans, à subjuguer le plus grand nombre des provinces de l'île. A sa mort, ce ne fut pas seule‑ment l'édifice de la civilisation malgache qui trembla sur sa faible base pour décliner visiblement; l'élément anglais mêlé à toutes les tentatives, à tous les efforts du gouvernement hova contre les divers chefs malga‑ches, doublait par cela même les forces du peuple qui aspirait à com‑mander.— Ainsi s'explique la facile domination à laquelle parvint Radame en fort peu de temps avec d'assez faibles ressources. Le jour où la défa‑veur, la défiance sont venues planer sur le nom anglais, les Hovas ont vu se relâcher le lien de la conquête, et les luttes incessantes qu'il faut soutenir contre des peuples sur lesquels n'agit plus le prestige d'un nom européen, forcent les maîtres de l'île à entretenir une armée plus nom‑breuse qu'auparavant. Depuis que la mission anglaise a définitivement quitté Madagascar, fait qui date de 1837, les choses ont en effet bien changé de face dans ce pays. Il est difficile de prévoir, en effet, jus‑qu'où aurait pu s'étendre l'influence du nom britannique dans cette contrée, si la mort n'avait point arrêté Radame au milieu de ses succès et de ses tentatives de réforme, mêlées presque toujours d'une rare pru‑dence (1). Le révérend J.-J. Freeman rappelle dans le plus grand dé‑

seaux ; là sont aussi les mouillages les plus médiocres. Cette vérité est rendue sensible jusqu'à l'évidence par le rapport de M. Guillain, capitaine de corvette, qui regarde comme assez mauvaises les rades de *Fort-Dauphin*, de *Tamatave*, de *Foulpointe*, le port de Tintingue étant lui-même, suivant cet officier, obstrué par des rescifs. (*Annales Maritimes* 1843, 1844.)

(1) Ce prince supérieur à son entourage non moins qu'aux populations qu'il était parvenu à ranger sous son commandement, résista souvent à l'entraîne‑ment peu réfléchi de l'esprit de réforme. Il lui arrivait de se comparer à un en‑fant en bas âge, dont les pas sont mal assurés. Il répondit un jour : *Moi encore comme un enfant, si moi voulé aller trop vite, moi finir par tomber et moi casser mon li cou.* Radame parlait le Créole qu'il avait appris avec Robin.

tail les circonstances qui, dès 1816, avaient contribué à établir entre le prince Hova et le gouverneur de Maurice les meilleures relations.

« Ces circonstances , ajoute le missionnaire anglais , conduisirent à l'adoption de divers moyens pour fortifier et étendre le pouvoir de Radame dans l'île ; parmi ces moyens et en première ligne on vit figurer la formation d'une armée de naturels sur le modèle européen. Environ deux mille hommes furent ainsi disciplinés ; les habillemens, les armes, et les munitions furent fournis en exécution du traité passé avec le prince hova. Radame, continue l'auteur de cette notice intéressante, mourut en 1828 bien profondément et bien justement regretté. Il avait alors environ trente-six ans. C'était un homme supérieur...... Si ce prince avait vécu quelques années de plus, Madagascar aurait formé un empire considérable et puissant. »

L'auteur de la notice aurait pu ajouter que cette île formerait à cette heure une nouvelle dépendance de la domination anglaise ajoutée au vaste empire de l'Inde. — Tel était, comme toujours , le but des bibliques civilisateurs.

Ce fut, au surplus , un coup funeste porté à la puissance malgache que la mort du prince hova. Cette fin prématurée , en provoquant l'avènement au trône de la reine actuelle Ranavalona , devint le signal d'une réaction dont nous aurons prochainement à constater le caractère et les effets.

⁂

CHAPITRE II.

CARACTÈRE DU GOUVERNEMENT HOVA. — CONDITION VÉRITABLE DE LA POPULATION MALGACHE.

Victime de son goût excessif pour les boissons spiritueuses, goût qu'avait soin d'entretenir la politique qui tendait à tenir ce prince sous sa dépendance, Radame dut laisser aux mains d'une femme, que des écrivains mal informés ont à tort accusée de l'avoir empoisonné, la continuation de sa grande entreprise. Depuis ce jour, l'essor de la civilisation malgache se trouva tout-à-fait comprimé, et les mœurs ont rétrogradé à ce point que les usages anciens, empruntés à la plus grossière barbarie, sont plus que jamais observés. Vainement Radame avait fini par triompher des plus déplorables coutumes : dominée par quelques chefs hovas, la reine actuelle laisse de nouveau les Malgaches aux prises avec le préjugé des anciens temps et encourage les abus de la superstition locale. C'est ainsi que l'épreuve par le poison que donne le fruit de l'arbre appelé *tanguin*, est de nouveau mis en honneur et tout-à-fait rétablie. Cette épreuve, seul moyen d'apprécier l'innocence et le bon droit en certains cas, et qui rappelle le combat judiciaire des peuples du continent, est aussi un moyen de purification que doit forcément subir tout serviteur, tout fonctionnaire qui approche la reine ou

que ses devoirs retiennent auprès du souverain. (1) Radame avait eu
beaucoup de peine à triompher de cet usage barbare ; sa fermeté avait
cependant réussi à l'abolir. C'est ce prince qui, par un déploiement de
vigueur peu commune, emprunté on le croirait à la sauvage énergie du
czar Pierre, avait également fini par obtenir de ses soldats la suppres-
sion de leurs longs cheveux. Informé des obstacles que rencontrait sur
ce point l'accomplissement de sa volonté, on entendit un jour Radame s'écrier : « *Ils résistent !... qu'on leur coupe les cheveux de manière
à ce qu'ils ne repoussent plus.* » — L'exécution de cinq ou six Hovas
sur le champ sagayés mit fin à toute résistance. Depuis ce jour, l'usage
moderne a prévalu, pour tout ce qui est militaire seulement, et les cheveux courts ont remplacé la chevelure de l'ancien temps.

Ce rare déploiement d'énergie, cette persévérance que le prince avait
coutume de porter dans les petites choses comme dans les grandes, avait
profondément influé sur le caractère du peuple malgache et préparé les
voies de sa régénération. Forts de l'appui que leur donnait Radame, les
missionnaires anglais étaient parvenus en peu de temps à faire germer
sur cette terre les croyances chrétiennes qui peu à peu prenaient la
place d'une grossière superstition. L'établissement de nombreuses écoles à la Lancastre, donnait à la mission anglaise de rares avantages
au sein de cette population, qui ne se distingue en réalité par l'observation d'aucun culte. Tous les témoignages, toutes les relations s'accordent sur ce point (2).

Aussi la Bible, traduite en langue malgache par les soins de la mission, avait fait en peu de temps de nombreux prosélytes. D'un autre
côté, des ouvriers dans tous les genres, arrivés d'Angleterre et attachés
à la mission, s'étaient chargés d'initier le peuple aux arts et aux profes-
sions industrielles de l'Europe ; c'est ainsi qu'il existe aujourd'hui encore
des monumens de leur passage sur cette terre, rendue en grande partie à l'influence de la barbarie. Nous ne dirons pas, à l'exemple des auteurs de quelques-unes des descriptions romanesques faites sur ce

---

(1) Le tanguin fournit un suc qui constitue un poison violent. Lorsque deux
Malgaches sont en contestation, et qu'il n'y a pas de preuves testimoniales,
ils conviennent de vider le débat par l'épreuve du tanguin. Aussitôt on s'empare
de leurs personnes, on les soumet à un jeûne de vingt-quatre heures pour bien
s'assurer qu'ils n'auront pas eu recours d'avance à un contre-poison, et le moment arrivé, chacun des contestans prend le tanguin à égale dose. Celui qui
succombe est jugé n'avoir jamais eu aucun droit à la chose en litige. — Si les
deux parties résistent à l'épreuve, chacun garde ses prétentions.

(2) L'abbé Raynal confirme là dessus les relations modernes. Il ajoute seulement que la population de Madagascar admet confusément la doctrine des deux
principes. Ce point est contesté par ceux qui ont pu se livrer à de plus récentes observations. Si l'on consulte, en effet, le dictionnaire anglais-malgache déjà
cité, et publié à Tananarive par la mission anglaise, on verra qu'aucun mot ne
correspond dans la langue de Madagascar à ceux de *diable* ou d'*enfer*, com-
muns à presque tous les peuples. Comment dès-lors admettre dans ce pays la
doctrine des deux principes ? Les Français qui ont résidé dans l'île viennent à
l'appui de cette observation.

pays, que les palais, les belles constructions abondent à Madagascar, puisque sa capitale même n'offre rien de semblable ; mais on y voit encore une manufacture d'armes qui, pour être dans des conditions médiocres, n'en constitue pas moins, lorsqu'on tient compte du peu d'avancement de la civilisation dans ces contrées, un établissement remarquable (1). Son infériorité est du reste telle que les principales fournitures d'armement ont été jusqu'ici tirées du dehors par le gouvernement hova. C'est ainsi qu'en 1843 le ministère de la guerre en France disposa de trente mille fusils que la maison Rontaunay, de Bourbon, fit passer à Madagascar (2). Les Anglais ont fait dans ces derniers temps de semblables fournitures, sans que personne pût alors songer que cela tirerait presque aussitôt à conséquence.

Le véritable état de Tananarive, siége principal du gouvernement hova, est fort soigneusement décrit par le capitaine Garnot, lors de son arrivée, en 1836, dans cette capitale (3). Voici ce que nous apprend le journal du capitaine : « Le 24 mai, le grand-juge Philibert, accompagné de plusieurs officiers, est venu me porter la réponse de la reine qui m'autorisait à me rendre dans sa capitale, et qui donnait en même temps l'ordre au général Ramanasina', gouverneur de Tamatave, de me fournir les hommes nécessaires pour me porter, ainsi que mon interprète et mes bagages. »

Le capitaine Garnot se met presque aussitôt en route pour l'intérieur avec cinquante hommes destinés au transport des personnes et du bagage. Deux aides-de-camps du général Ramanasina l'accompagnaient. Parti le 26 mai, ce n'est que le 8 juin suivant, et après une marche rendue très-pénible par l'absence de tout chemin tracé, qu'il arrive à Tananarive. Avant de se rendre à la capitale, une sorte de station préalable lui avait été imposée dans une petite maison de campagne délabrée, construite par un Français, M. Legros, qui avait séjourné long-temps à Madagascar. Trois aides-de-camp vinrent le lendemain de la part de la reine pour l'inviter à se rendre à Tananarive, où ils l'accompagnèrent aussitôt. Voici les observations recueilies par notre compatriote durant les premiers instans de son séjour à Tananarive :

(1) Cette manufacture est dirigée par M. Laborde, Français fixé depuis quelques années à Madagascar. Les fusils qui en sortent sont en général d'une confection médiocre, et la fonte des canons est nulle jusqu'ici. M. Laborde fait marcher cette fabrique d'armes pour le compte du gouvernement hova.

(2) Les fusils connus chez nous sous le nom de *fusils Gisquet*, composaient cette fourniture.

(3) Les missionnaires anglais écrivent *Tananarivo*, alors que le peuple malgache, qui ne fait point entendre la dernière syllabe, prononce *Tananariv* ; de même on prononce *Radam* et non Radama ; *Tamas* au lieu de *Tamasina*, nom de *Tamatave* en langue malgache.

La position de Tananarive a été déterminée par R. Lyall, esq., et en dernier lieu par le capitaine Garnot. Le premier fixe cette position à 18° 26' 20" de latitude australe, et à 45° 27' 20" de longitude orientale du méridien de Paris ; le second l'établissait en 1838, sur les lieux mêmes, à 18° 54' 40" latitude sud et à 45° 30' de longitude orientale du même méridien.

« Je suis allé visiter quelques Français qui habitent cette capitale et j'ai en même temps rendu visite à MM. Baker et David Jones, qui sont les seuls missionnaires anglais résidant encore dans l'île. Ces derniers devant quitter Tananarive dans un mois, faisaient leurs préparatifs de départ. Ils sont restés long-temps dans ce pays, où leur séjour leur avait fait un assez grand nombre de prosélytes. La mission anglaise a publié un dictionnaire anglais-hova et hova-anglais. Si ces travaux ont contribué à fixer la langue malgache, l'on peut dire que le système d'orthographe suivi par les missionnaires, s'éloigne sensiblement de la prononciation. D'où suit qu'à la lecture, le langage de Madagascar semble dénaturé. Aussi les expressions du dictionnaire rapprochées du discours parlé font positivement douter de l'idendité de ces deux langues. Les mêmes missionnaires ont également traduit en langue hova quelques livres élémentaires, ainsi que la Bible. Ce dernier livre a été prohibé par la reine, et il est défendu aux indigènes de la lire sous peine de mort. Il est également défendu au peuple de fréquenter les temples de la mission, et c'est ce qui fait que les membres dont elle se compose, quittent le pays. (1) »

Après avoir consacré quelques jours aux négociations qui étaient le but de son voyage à Tananarive, le capitaine Garnot ayant annoncé son prochain départ, le maréchal du palais (2) lui fit proposer de visiter Ma-

(1) L'auteur du journal auquel nous empruntons ces détails nous faisait remarquer avec raison la réserve hypocrite déployée en cette occasion par le gouvernement hova. Les chefs ont eu bien soin de s'abstenir de toute violence envers les missionnaires, afin de ne point donner à ce départ l'apparence d'une expulsion. Au contraire, les membres de la mission étaient, pour la reine et pour les officiers, l'objet d'une constante déférence ; seulement, l'on mettait le culte en interdit. Force fut dès-lors à MM. Baker, Freeman, Jones, etc., de quitter un pays complètement perdu pour eux.

(2) Ce titre est un emprunt fait à notre organisation militaire sous l'empire. Voici l'explication de cette particularité :

Un soldat français, du nom de *Robin*, qui avait à Bourbon le grade de sergent, déserta vers 1816 et se réfugia à Madagascar. Parvenu non sans peine à Tananarive, il fut bientôt en grand crédit parmi les Hovas, qu'il forma au maniement des armes. Son premier-soin fut naturellement d'introduire dans l'armée indigène les grades, les distinctions militaires de son propre pays. En conséquence, les chefs portèrent bientôt les titres de général, colonel, commandant, caporal, etc. On comprend que dans cet ordre de choses le dignitaire supérieur attaché à la personne du roi dût trouver sa place ; ainsi fut créé le titre qui subsiste encore, de *maréchal du palais*.

Le sergent Robin n'eut garde, au surplus, de s'oublier dans cette occasion ; comme son crédit était sans bornes et ses services fort estimés du prince, c'est lui qu'on investit du grade redouté de grand-maréchal du palais. — A la mort de Radame, Robin, qui n'avait perdu aucune de ses sympathies pour la mère-patrie, se prononça ouvertement contre l'avénement de la reine et donna un libre cours à l'intérêt que lui inspirait notre expédition de 1829. — Obligé de quitter l'île, il se réfugia bientôt à Sainte-Marie, qu'il habitait encore en 1834.

Radame avait du reste fini par abolir l'ordre hiérarchique créé par Robin, pour y substituer des degrés *d'honneur*. L'armée hova est donc à cette heure, sous le commandement de premier, deuxième, troisième, honneur, jusqu'au n.° 13 qui constitue le grade le plus élevé. Le favori actuel de la reine

żuarive , ancienne maison de plaisance de Radame. Notre compatriote accepta. Il entre à ce sujet dans des détails qui donnent la mesure de la somptuosité si fort exaltée de certaines constructions malgaches ; voici la description que fournit à ce sujet le journal de ce capitaine, sous la date du 20 juin :

» Depuis que je suis parti de Tamatave , nous n'avons pas eu un seul jour de pluie; on m'assure que dans cette province les pluies n'ont guère lieu que du mois d'octobre aux mois de février ou mars. Après le déjeûner nous sommes montés à cheval et au bout d'une heure de chemin nous avions atteint Mazuarive. Cette construction peut être regardée comme quelque chose de joli et de convenable pour le pays. Au-dessus de la grille d'entrée on voit le chiffre de Radame, et en entrant dans le jardin on a dessiné deux parterres avec deux grands R que les indigènes saluent respectueusement. Au lieu de mettre des fleurs dans ces parterres, on y a planté des choux et des légumes. La maison a peu d'apparence et n'a rien du reste de royal.

»J'ai remarqué dans cette campagne où la reine va à peu près chaque semaine, des plants de café extrêmement chargés, et que l'on m'assure être d'une très-bonne qualité (1).

» Après avoir examiné cette petite résidence , nous remontâmes à cheval pour faire une excursion dans les environs ; nous nous dirigeâmes ensuite du côté du palais de Radame, que les officiers du maréchal me permirent de visiter à l'intérieur. Ce bâtiment fut construit par les soins d'un Français , M. Legros. Il y a de très-belles pièces , mais la distribution en est mauvaise , et l'on y a très-mal ménagé le jour. Cet édifice est lourd d'aspect , et le premier étage , qui a une galerie tout à l'entour, avec balustrade en fer , est beaucoup trop bas. Le rez-de-chaussée n'est point planchéié, et il est probable qu'il ne le sera pas de long-temps. Ce palais est du reste bien situé et donne sur une belle place où l'on fait quelquefois l'exercice. J'exprimai aux officiers qui m'accompagnaient toute ma satisfaction au sujet de cette visite ; n'étant jamais sortis de leur pays, il sont parfaitement convaincus que Tananarive est la plus belle ville du monde. »

Le général Varky , commandant en chef de l'artillerie , ayant le soir même fait prévenir M. Garnot qu'il était autorisé par la reine à lui faire visiter dans le plus grand détail les moulins à poudre placés sous la direction de cet officier, la journée suivante fut consacrée à cet examen. M. Garnot exprime sa surprise à cette occasion. Il avait de la peine à

Rainihiaro (père d'_Hiaro_), car dans ce pays le père prend le nom de son enfant, est le treizième _honneur_, et comme il n'y a pas de nom dans la langue hova pour exprimer commandant en chef, il signe, après treizième honneur, _commander in chief_ en anglais. — Son nom se prononce _Rainiar_.

(1) Pendant le séjour de M. Garnot à Tananarive, en 1837 et 1838, les plus fortes chaleurs ont atteint une seule fois 21° de Réaumur ; cela résulte des observations thermométriques recueillies par ce marin pendant les mois de décembre 1837, janvier, février, mars et avril 1838, observations journellement consignées sur son journal, et qui, répétées cinq fois par jour à des heures différentes, donnaient en général de 16 à 17 degrés. On sait que cette époque est, pour le pays, celle des plus grandes chaleurs.

croire que les machines dont on se servait eussent été fabriquées dans le pays. Ces moulins sont mus, dit-il, par la force de l'eau que l'on a conduite de fort loin par un canal qui a demandé beaucoup de peine. Ces établissemens sont bien tenus, mais on y fabrique fort peu de poudre : Aucune carrière de salpêtre n'ayant encore été découverte dans l'île, on est obligé de l'obtenir par des moyens artificiels ; le soufre y est très-abondant. Ces moulins ont été installés par un Anglais nommé Cameron, qui a eu beaucoup d'obstacles à vaincre pour obtenir ce résultat.

Cet établissement est, avec la fabrique d'armes, la seule chose remarquable qui ait résisté au mouvement rétrograde qui emporte les Hovas et les entretient dans de perpétuelles préventions contre l'étranger. Une circonstance donnera au surplus la mesure de cet esprit de prévention. Lorsqu'en 1837 M. Garnot dut se rendre, avec son escorte, à Tananarive, il éprouva les plus grandes difficultés pour arriver jusqu'à cette capitale ; il fallait sans cesse se diriger à travers champs, l'ancien chemin établi par Radame ayant été complètement détruit. La reine avait même défendu, sous peine de mort, de le rétablir en relevant les arbres dont il était jonché ; sous la même peine, personne n'y pouvait passer.

L'on se tromperait fort, toutefois, si l'on pensait que de pareils sentimens sont le partage de la population malgache en général. — Quelques chefs hovas vivent seuls dans cette constante appréhension de la supériorité européenne. L'état d'abaissement dans lequel est maintenant ce peuple, qui est véritablement esclave, cet état est tel que les sympathies des malheureux Malgaches sont d'avance acquises à quiconque viendra briser ce joug de fer. Ce jour-là trois millions d'indigènes seront délivrés de cinq ou six cent mille Hovas : tel est le tableau que nous font de ce pays les relations les plus dignes de foi.

« Tous les habitans de Madagascar, nous dit un rapport d'une date récente, que nous empruntons aux *Annales maritimes et coloniales*, tous les habitans, à l'exception de quelques peuplades sakalaves, gémissent sous le joug de fer des Hovas ; et à leur tour les Hovas inférieurs et supérieurs ont à souffrir sous le gouvernement de la reine (1).

---

(1) Le capitaine Garnot raconte le fait suivant, qui caractérise parfaitement, selon nous, le gouvernement de la reine :

Radame, s'élevant au dessus des prescriptions de l'ignorance superstitieuse, était parvenu à empêcher qu'une espèce d'anathème local continuât à peser sur l'animal réputé immonde chez les juifs. A l'avènement de la reine, le préjugé ayant repris son influence, défense a été faite de nouveau à tout habitant de Tananarive de posséder aucun cochon. Une infraction à cet ordre ayant été découverte, le coupable hova, supérieur et noble de naissance, fut condamné par la reine à être vendu comme esclave, ce qui eut lieu publiquement, suivant l'usage reçu. — Ce malheureux Hova fut aussitôt racheté par sa famille. Il a figuré en 1837 au nombre des six envoyés malgaches venus en Europe.

Le capitaine auquel sont dus ces détails raconte un autre fait qui permet encore mieux, peut-être, d'apprécier le despotisme de la reine. Les grades, on l'a vu, portent le nom d'honneur depuis 1 jusqu'à 13. — La manière dont ces honneurs sont conférés n'obtient pas toujours l'approbation générale. Des nominations dans l'armée ayant eu lieu il y a quelques années, le mécontentement de certains Hovas se traduisit en une affiche accusatrice pour le gouvernement de

3

Tous ces peuples, en général, si l'on excepte quelques chefs hovas, n'aspirent qu'à un changement qui, de quelque côté qu'il vienne, leur sera avantageux ; ils béniront la nation qui les délivrera du fer et du poison dont ils sont menacés et atteints tous les jours. Ce peuple est doux par caractère............ Si les choses continuent à marcher de la même manière, dans dix ou quinze ans presque toute l'île sera dépeuplée............ Il est à remarquer que les étrangers qui habitent Madagascar sont Français ; les naturels sont familiarisés avec notre langue et nos usages, même les Hovas de la côte. » (*Revue coloniale,* 1844.)

Cette opinion, dont M. Garnot a vérifié l'exactitude pendant le long séjour qu'il a fait sur la côte de Madagascar et dans l'intérieur de l'île, se trouve pleinement confirmée par le travail de M. le lieutenant de vaisseau *Bona Christave,* déjà cité.

« Plus intelligens et surtout plus rusés que les Malgaches, dit cet officier distingué, les Hovas habitans de la province d'Ankove sont devenus, sous la conduite d'un chef supérieur, et avec l'aide des Anglais, le peuple dominant de l'île. Un moment on a pu croire qu'ils seraient parvenus à affranchir Madagascar de la tutelle d'une race étrangère, et à y fonder une nationalité distincte ; mais leur politique n'a pas répondu à leurs prétentions. Trop faibles en nombre pour pouvoir absorber toutes les autres peuplades malgaches, au lieu de chercher à se les assimiler par la bienveillance et la perspective de l'intérêt commun, les Hovas n'ont profité de leur supériorité momentanée que pour les asservir et les exploiter. Aussi le pouvoir des Hovas *est-il odieux aux vaincus, qui ne sont retenus sous un joug qu'ils détestent que par la crainte et le manque d'union entre eux.*

» Les provinces d'Antianaka, d'Antavaratra, de Betsmisaraka, d'Antasima et de Betsilo, sont entièrement soumises aux Hovas ; dans celles d'Ankova, de Borni, de Ménabé, d'Antinrouvi, d'Antaraï et d'Anossi, les Hovas ont des postes fortifiés autour desquels est venue s'établir une faible partie de la population de ces provinces, et le reste des habitans vit indépendant. De temps en temps, les Hovas font des invasions dans ce pays pour brûler les villages et les plantations, et pour faire des esclaves. »

Tel est, en général, le caractère de la domination hova, ce qui faisait dire à M. Guillain, capitaine de corvette, au retour de la mission qu'il accomplissait en 1843, que dans certaines parties de la côte orientale, les indigènes sont obligés de s'abstenir de cultiver le *riz de Tavé,* parce que ce produit, qui convient du reste parfaitement à la nature du sol, mûrit précisément à cette époque de l'année où les Hovas ruinent périodiquement toute culture et appauvrissent les populations. Du reste, l'armée elle-même, comme tout ce qui travaille pour le gouvernement, ne reçoit *ni salaire, ni vêtemens, ni nourriture.* Aussi ces milices sont-

la reine. L'auteur de ce placard y disait que les honneurs peu mérités n'étaient point donnés aux plus dignes. On procéda sur-le-champ à une enquête ; l'écriture du petit nombre des Hovas sachant écrire fut vérifiée attentivement, et lorsqu'on crut avoir découvert l'auteur de l'affiche audacieuse, la reine ordonna qu'il fût sur-le-champ sagayé, ce qui eut lieu.

elles obligées de se livrer au commerce pour subsister , tandis qu'une fois en campagne , le soldat vit de pillage et ruine en chemin les popurations.

« Tout ce qu'il plaît au gouvernement de faire porter , de faire faire , ajoute l'auteur d'un rapport déjà cité , est fait et porté par les naturels *sans aucune espèce de salaire, sans qu'on s'occupe si ces malheureux ont de quoi vivre ou non*. Il arrive souvent de la capitale la nouvelle que l'on fera tel ou tel ouvrage, sans que l'époque où l'on devra commencer soit désignée. Les chefs hovas font aussitôt rassembler le peuple et gardent les travailleurs, jusqu'à ce que l'on n'ait plus besoin de leurs services. Pendant tout ce temps ces gens ont besoin de vivres (ce qui accommode les Hovas, qui se sont emparés du commerce). Ils leur vendent tout ce dont ils ont besoin à des prix excessivement élevés ; ceux-ci ne pouvant payer en argent, les Hovas s'emparent de leurs troupeaux, et quelquefois de leurs personnes, qu'ils font esclaves à défaut de paiement. » (*Annales maritimes*, page 52, t. 88.)

Ce n'est pas, en effet, seulement la coutume de l'infanticide, coutume qui consiste à faire périr en naissant les enfans mal conformés ou nés *sous des jours malheureux* (1) ; ce ne sont pas les épreuves par le poison qui viennent se joindre aux corvées et aux plus durs traitemens, pour rendre de plus en plus odieux le joug des Hovas ; l'esclavage vient encore ajouter à la misère des Malgaches, qui ne se livrent qu'en tremblant à la culture d'un sol fertile (2). Là, celui qui ne peut payer sa dette

(1) Rien ne se fait à Madagascar sans que le *sikidy* ait parlé. On appelle ainsi l'espèce de divination attachée à un arrangement plus ou moins arbitraire de petits cailloux ou de noyaux mêlés à des haricots : le tout est contenu dans un petit sachet. On consulte le *sikidy* à tous les instans du jour, et chacun paie pour s'éclairer, de même que cela a lieu chez nous pour les tireurs de cartes. La reine ne mange rien, elle ne fait aucune promenade sans que le *sikidy* ait parlé ; inutile d'ajouter qu'aucune expédition ne serait entreprise durant un jour désigné comme malheureux par cet augure d'un nouveau genre. Lorsque le capitaine Garnot dut se rendre à Tananarive, le sikidy fut consulté et il déclara qu'il fallait le retenir trois jours dans un village à deux lieues de la capitale (Bétafo) avant que de lui permettre d'y entrer, ce qui eut lieu. Cette superstition a sur toute la contrée, au point de vue du chiffre de la population, une influence déplorable; le sikidy contribue, en effet, cruellement à dépeupler cette vaste contrée. Voici ce qui a lieu : à chaque naissance le sikidy est consulté, et s'il déclare que l'enfant est venu au monde dans un jour malheureux, cette indication est un arrêt de mort pour le nouveau-né, qui est impitoyablement noyé.

C'est à détruire l'influence de ce barbare usage que Radamo s'était particulièrement appliqué ; ses efforts furent même couronnés de succès ; mais lors de son avénement, la reine a remis en honneur, sur ce point comme sur beaucoup d'autres, l'ancienne croyance.

Tous les auteurs s'accordent à regarder l'infanticide comme l'une des causes les plus actives du dépeuplement qui fait que Madagascar renferme 4 millions d'ames là où 20 millions d'habitans pourraient sans peine subsister.

(2) Tout le monde s'accorde à représenter comme extraordinaire la fertilité des terres propres à la culture dans l'île. « La nature , dit l'abbé Raynal, y est *toujours en végétation*, et le riz qui , malgré la plus mauvaise des cultures, se

est réduit en servitude, et tous ceux qui l'ont cautionné, parmi ses pro-
ches ou ses amis, subissent le même sort. Cet état de choses, contre lequel ont fini par échouer les missionnaires anglais, par suite de l'avénement de la reine actuelle, fut clairement signalé à M. le ministre de la
marine, il y a quelques années, par le capitaine Garnot ; voici comment
parlait alors cet officier :

« Le gouvernement est tout-à-fait despotique; il y a pourtant une om-
bre de sénat. En général, la domination des Hovas est supportée avec
peine par les diverses provinces soumises par le feu roi ; aussi, y a-t-il
presque continuellement quelques provinces qui se révoltent, ce qui entretient des guerres permanentes dans le pays. Il y a à l'île d'Anjouan
un neveu de Radame, nommé Ramanetta, qui a des prétentions au trône
de Madagascar, et qui a un très-fort parti dans l'île. Il réussirait facilement à s'emparer du pouvoir s'il était soutenu par une puissance européenne. Ce serait là très-positivement un grand bien ». (1).

Ainsi, et par tout ce qui précède on peut aisément le comprendre, ce
fut une grande faute que de se livrer, contre un peuple si fatalement
rivé au joug de la domination hova, à des démonstrations hostiles. La
France a été surtout mal inspirée en liant, dans ces derniers temps, sa
cause à celle de l'Angleterre. Cette manifestation, provoquée par les erremens dans lesquels s'engagea, en 1829, le gouverneur de Bourbon, ne
pouvait aboutir qu'à faire perdre au nom français l'ascendant qu'il était
parvenu, par suite d'une longue occupation, à se créer à Madagascar. Il
y avait là un beau rôle pour notre politique, et il est vraiment déplorable que cela ait été aussi peu compris.

Des instructions transmises de longue main à l'administration de Bourbon, et certes les documens abondent sur cette question au ministère de
la marine, eussent pu, dans la prévision de certaines éventualités, pres-
crire au gouverneur quelque chose de mieux que d'aller inconsidérément
se faire battre sur la côte de Madagascar, de manière à compromettre ,
aux yeux de nos alliés naturels eux-mêmes , le nom de la France et le
prestige de ses armes.

multiplie au *centuple,* est la principale nourriture des habitans de Madagascar. »
La reine des Hovas ne souffre pas que l'étranger prenne possession de ces ter-
rains généralement incultes ni qu'il les exploite pour son propre compte. C'est
par suite de ce même esprit d'exclusion, qu'aucun navire ne *peut faire du bois*
dans l'île, alors que les forêts immenses qui existent à Madagascar couvrent
incessamment le sol de leurs débris.

(1) Ce Prétendant causait un continuel effroi à la reine, qui, dans l'appréhension de son arrivée, fit garder jour et nuit son palais pendant quelque temps. Il
était *sultan* d'Anjouan, l'une des îles Comores, et avait offert souvent de se mettre à la disposition du gouvernement français pour envahir Madagascar. — Ramanetta est mort sans avoir vu ses offres exciter, depuis 1830, l'attention de la
France.

CHAPITRE III.

ANCIENNE DOMINATION FRANÇAISE A MADAGASCAR. — DROITS
DE LA FRANCE SUR CETTE ILE.

En présence de la fausse position que nous ont faite si gratuitement les evénemens survenus en juin dernier, l'on s'est demandé de tous côtés quelle attitude le gouvernement français allait prendre. Irait-on infliger à la reine des Hovas un juste châtiment, et l'expédition formée dans ce but, aurait-elle, en vue une occupation permanente, de manière à donner enfin de la consistance à nos anciens droits? Se bornerait-on, au contraire, à porter la désolation dans quelques cases malgaches, à ruiner et détruire quelques mauvais forts, dans le stérile but de faire sentir à ces insulaires le poids de notre ressentiment? Est-ce à cette résolution fort peu recommandable, il faut le dire, que s'arrêterait, dans le moment présent, notre politique?.. Ou bien, prenant enfin cette question de haut, et laissant là une foule de précédens, renoncerait-on à de vaines démonstrations pour tenter sérieusement de faire revivre, en les établissant sur une plus large échelle, nos droits, notre possession méconnus?....

Voilà ce que le public se demandait il y a quelques mois lors de l'armement projeté. Ces divers aspects de la question fournirent même, à l'auteur de l'écrit dont nous avons déjà parlé, l'occasion de hasarder une foule de critiques, sans qu'il ressorte de son exposé rien de raisonnablement applicable à la situation actuelle. Après avoir repoussé l'hypothèse d'une expédition qui n'aurait d'autre but que de tirer satisfaction des façons d'agir de la puissance hova à notre égard, et cherché à faire voir combien des populations qui ne possèdent ni villes considérables sur le littoral, ni établissemens importans, sont par cela même peu vulnérables, ce qui permet de violer à peu près impunément le droit des nations, l'écrivain auquel nous faisons allusion, combat tour-à-tour la supposition d'une prise de possession partielle ou générale, et le maintien du *statu quo* est la conclusion consolante à laquelle il arrive en fin de compte. Les prétentions de la reine des Hovas lui paraissent même naturelles, et sa conduite légitime de tout point. La seule chose convenable consisterait à espérer du *temps*, et du *temps* seulement, le rétablissement de nos rapports avec Madagascar. Telle est la solution de pure expectative pour laquelle se prononce l'auteur de cet écrit qu'il convient de citer en cette occasion.

« Il faut faire maintenant comme nous avons déjà fait après la malheureuse tentative de 1829, il faut laisser aller *doucement les choses* dans le royaume des Hovas; il faut, mais en nous renfermant à l'avenir à l'égard de *Ramanavalo* dans une attitude moins hostile que celle que nous avions prise depuis quelques années à Nossi-Bé et ailleurs; il faut attendre du *temps*, du *temps seul*, et de l'avarice des hommes, le rétablissement de nos rapports commerciaux avec Madagascar, rapports surtout impérieusement réclamés par les besoins journaliers de notre colonie de Bourbon. Seulement, vous aurez soin, lorsqu'une fois nous aurons de nouveaux traitans fixés sur le littoral, de tenir, comme par le passé, dans ces parages, quelques bâtimens de guerre pour les mettre à *l'abri d'une surprise* et les recueillir s'ils sont sérieusement menacés. »

Avec une politique aussi débile, il faut le dire, en présence surtout des derniers événemens, comment concevoir que des traitans français puissent se maintenir dans ces parages ?.... Le passé serait là évidemment pour décourager notre commerce, et le forcer à s'éloigner de ce littoral où rien ne l'assurerait convenablement contre les avanies du gouvernement hova. Il faut donc demander à un système de protection autrement efficace la satisfaction de l'intérêt français sur ces côtes, ou se condamner à l'abandon de toutes les prétentions jusqu'ici soigneusement entretenues (1).

Dans cette situation, et comme le soin de sa dignité ne permet pas à la France de s'arrêter à la deuxième solution, l'établissement de notre puissance à Madagascar, mais un établissement définitif, intelligent et fort, se présente comme satisfaisant seul aux exigences d'une saine politique. Ici, en effet, le droit des nations, tel qu'il est écrit partout et journellement suivi, ce droit est pour nous, et la considération de ses intérêts pourrait seule préoccuper la France. Cependant lorsqu'on envisage la situation passive que voudraient imposer à notre nationalité ceux qui poussent et chassent incessamment devant eux les populations de l'Inde ; en présence de ces susceptibilités, quelque déplacées qu'elles soient chez un peuple qui, après avoir ruiné, désolé l'Afghanistan, fait tous ses efforts pour peser définitivement sur l'empire des sultans de Lahore, il convient d'examiner au point de vue international les droits de la France sur la contrée qui nous occupe. Ainsi, la question sera dégagée de toute considération extérieure, chose importante dans le moment présent.

(1) Le gouvernement français n'a jamais renoncé, qu'on le remarque bien, aux droits qui lui appartiennent incontestablement sur l'île. Il y a plus, Radame était si convaincu de leur légitimité, que l'on a constamment respecté, sous son règne, la pierre placée par nous sur la côte, et constituant le signe évident de notre possession. Le gouvernement de la reine a bien pu, à la suite de l'expédition de 1829, et au mépris de tous ses précédens, faire enlever cette pierre et la jeter dans les fortifications de Foulpointe, où l'on peut encore la voir ; mais cela ne suffit pas pour anéantir les droits d'une nation, et la population entière de l'île est encore, à cette heure, parfaitement convaincue de l'intégrité de nos anciens droits.

Le gouverneur de Bourbon, dans ses rapports avec le gouvernement de cette île, ne s'adresse, du reste, qu'à la *Reine des Hovas*, et non à la *Reine de Madagascar*, ce qui est conforme aux erremens de notre politique. Le capitaine Garnot raconte que, porteur de dépêches du gouvernement français pour Ranavalona, la reine, que ces communications désignaient seulement comme *Reine des Hovas*, fit des difficultés à cette occasion. M. Garnot y mit aisément fin en faisant observer que ce titre était accompagné de nombreux etc., etc.

Cette explication triompha des susceptibilités de Ranavalona.

Les conditions anciennes de notre puissance à Madagascar sont connues ; il suffira de les rappeler en peu de mots comme point de départ.

Ce fut vers le milieu du 17.me siècle que furent formés , sur la côte orientale de l'île, les premiers établissemens français. Ces établissemens passèrent presque aussitôt aux mains de la compagnie des Indes, qui fit construire , presqu'à l'extrémité sud-est de Madagascar , le fort connu encore aujourd'hui sous le nom de *Fort-Dauphin*. Le commandement de ce fort fut confié à Martin Flaccourt , auteur de mémoires fort estimés sur cette contrée.

Bientôt après, le gouvernement français prit la direction de cet établissement colonial que la compagnie des Indes avait déplorablement administré. — En 1666, le marquis de Mondevergue est investi du commandement général au-delà de la ligne équinoxiale, pendant que la direction des Indes passe en d'autres mains. Les autorités militaires et administratives arrivent à Madagascar, appuyées d'une flotte de dix vaisseaux. Cette expédition portait les deux directeurs des Indes , un procureur-général, quatre compagnies d'infanterie , dix chefs de colonies , huit marchands et trente-deux femmes. M. Ackerman (1), qui rappelle cette prise de possession, fait remarquer que jusqu'en 1670 la tranquillité la plus parfaite régna dans l'île , dont les chefs les plus importans, réconciliés avec la domination française, *jurèrent fidélité au nouveau gouverneur-général*. Tels sont les faits qui , à toutes les époques , ont formé le point de départ de notre politique, laquelle, on le voit , se montre appuyée sur une possession ancienne et incontestable.

Après avoir vu s'accomplir pendant près d'un siècle des changemens sur lesquels il devient inutile de s'arrêter , le gouvernement français parut enfin comprendre l'importance de Madagascar comme possession placée dans le voisinage de Bourbon et de l'Ile-de-France. Un homme dont l'opinion sur ces matières avait tout le poids que donne une haute expérience, s'attacha, vers cette même époque, à faire ressortir l'insuffisance de ces colonies sans Madagascar. Cet homme était Demodave ; il fut placé, en 1768 , à la tête d'une nouvelle expédition pour le Fort-Dauphin.

« Demodave , dans ses écrits, dit M. Ackerman , déjà cité , reconnaissait l'insuffisance de Maurice et de Bourbon sans Madacascar, 1.° par rapport aux *approvisionnemens* et malgré l'importance du port de cette première île ; 2.° comme lieu de *relâche* et de *ravitaillement* des navires destinés au commerce entre l'Inde et l'Europe ; 3.° comme moyen puissant pour pratiquer ce commerce. Madagascar était enfin , à son avis , bien au dessus des autres colonies (2). Les vues du nouveau gouverneur, mal secondé par la métropole, ne purent avoir tout le succès qu'il espérait. Bientôt l'établissement du *Fort-Dauphin* , comme ceux de Foulpointe, Tamatave et Mauahar, ne sont plus qu'un simple point de relâche , une station commerciale où la France entretient un *agent civil ou militaire*, avec quelques hommes pour la *garde du pavillon*. »

(1) C'est le nom du chirurgien-major de la marine que la France a vu figurer à la tête du service des établissemens français à Madagascar.

(2) *France littéraire*, 6.e livraison, mois de juin 1832.

Telle était notre situation en 1809. A cette époque, et par suite de l'intervention de nos armes, que réclamait le chef de Tamatave, alors en guerre avec celui de Foulpointe, ce dernier ayant succombé, les deux forts furent occupés par nous militairement. C'est alors que Sylvain Roux, nommé agent français à Tamatave, vit placer sous son autorité ces deux parties de l'île.

Les guerres de l'empire, en nous enlevant quelques colonies, au premier rang desquelles figuraient Bourbon et l'Ile-de-France, ne pouvaient manquer de nous atteindre à Madagascar : c'est ce qui eut lieu. Seulement, et par le traité de Paris du 30 mai 1814, la France, en même temps que plusieurs de ses colonies lui étaient rendues, fut remise en possession de ses anciens droits sur Madagascar (1). [Outre que le traité est à cet égard suffisamment explicite, il convient de rappeler que ce point a reçu plus tard, dans le droit européen, la haute sanction des événemens. — Ce n'est pas, en effet, à Sainte-Marie que la France s'établissait exclusivement et d'une manière définitive en 1818 ; c'est le *Fort-Dauphin*, c'est *Tintingue* qu'elle occupait vers la même époque. Plus tard et à la suite des démonstrations de 1829, les divers points de la côte orientale de Madagascar sont évacués, circonstance qui date d'hier en quelque sorte et que n'a pu par cette raison infirmer une possession déjà ancienne.

On le voit donc, aux yeux de l'Europe nos droits sur cette contrée, sanctionnés jusqu'à ces derniers temps par des actes d'occupation remontant à près de deux siècles, ne peuvent faire l'objet d'un doute. Nos expéditions réitérées, nos établissemens sur la côte orientale, notre domination attestee par la présence de gouverneurs successifs et par *la garde du pavillon*, les traités eux-mêmes, sont là pour l'établir jusqu'à l'évidence.—Ces droits ont pu être combattus par le gouvernement hova, qui nous a un moment évincés ; mais nulle part la France n'a reconnu l'autorité de cette éviction, et la reine actuelle a pu se convaincre au contraire, en plus d'une occasion, que le droit était par nous pleinement réservé sur ce point. (2) C'est donc là une question de peuple à peuple dans le règlement de laquelle les autres nations n'ont rien à voir. Cela étant, et alors qu'appuyée sur son droit, la France n'a plus qu'à prendre conseil de sa force et de son orgueil blessé, il convient de rechercher jusqu'à quel point notre politique est intéressée à faire définitivement raison des atteintes que le gouvernement hova a cru pouvoir porter à notre vieille domination. Cet examen formera l'objet d'un dernier

(1) L'article 8 du traité conclu le 30 juin 1814, entre Louis XVIII et les alliés, porte ce qui suit :

« Le roi d'Angleterre, stipulant pour lui et ses alliés, s'engage à restituer au Roi de France, dans les délais qui seront fixés, les colonies, pêcheries, comptoirs et établissemens de tout genre que la *France possédait au 1.er janvier* 1792, dans les mers et sur les continens de l'*Amérique*, de l'*Afrique* et de l'*Inde*, à l'exception des îles de *Tabago*, *Sainte-Lucie* et de l'*Ile-de-France* et de ses dépendances, etc., etc. »

(2) Voir la note 1, sur le titre constamment donné par la France à Ranavalona de Reine des Hovas.

exposé dans lequel seront au surplus appréciés, et la marche à suivre, et les obstacles et les avantages de toute nature qui nous attendent dans cette expédition.

CHAPITRE III.

DE L'INTÉRÊT QUE PRÉSENTE POUR LA FRANCE L'OCCUPATION DE MADAGASCAR. — DIFFICULTÉS D'UNE TELLE ENTREPRISE. — COMMENT NOTRE POLITIQUE PEUT ET DOIT OPÉRER EN CETTE OCCASION.

Nos droits sur cette vaste étendue de pays sont reconnus, constatés au point de vue européen; la difficulté soulevée par les événemens de juin 1845 se trouve avoir considérablement perdu de ses proportions. Aujourd'hui, comme en 1829, comme en 1768, c'est, on l'a pu voir et nous ne saurions trop insister sur ce point, c'est d'un débat de peuple à peuple qu'il s'agit : à la France seule appartient le droit de régler les termes de sa puissance et de ses besoins. Situation précieuse et toujours favorable au développement d'une grande pensée politique !......

Le moment étant venu d'examiner de quelle importance il peut être pour notre commerce et notre navigation que le nom français redevienne tout puissant à Madagascar, il convient de faire justice des préventions qui tendent à représenter comme mortel aux Européens le séjour de ces contrées. Rien n'est, en effet, plus contraire à la vérité. Le témoignage de plusieurs Français habitant dans l'île, parmi lesquels on en compte même qui, pour pouvoir continuer à y résider, ont dû se faire naturaliser Malgaches, l'établirait jusqu'à l'évidence s'il en était besoin. Pour ce qui est de l'insalubrité d'une portion considérable des côtes de Madagascar, outre que cette insalubrité a été à toutes les époques singulièrement exagérée, il faut reconnaître que cette considération, réduite à de semblables termes et ne portant que sur une partie du littoral, serait de peu de poids dans la question qui nous occupe. Quelles sont, en effet, nous ne disons pas les côtes, mais les possessions maritimes, et nous entendons parler de celles qui tiennent le premier rang, quelles sont les colonies auxquelles des reproches bien autrement graves ne pourraient pas être adressés? Que dire de la Havane, du Sénégal, de la Guyane, du Canada, de Calcutta dans un tel ordre d'idées?... Que serait-il advenu de Batavia et de Java, possessions bien autrement malsaines que la côte de Madagascar, si leurs heureux dominateurs s'étaient arrêtés à des raisons semblables? Mais quel est, au surplus, pour renfermer le débat dans ses justes limites, quel est le littoral sillonné par de nombreux affluens se rendant à la mer, et tel est l'aspect général de la côte orientale de Madagascar, qui ne donne pas lieu à des fièvres intermittentes ? Que dire chez nous des bords de l'Océan et de la Méditerranée, malgré la salubrité reconnue de notre riche pays ? (1)

Or, telle est précisément la constitution topographique de Madagascar, que dans cette contrée où la terre produit, on l'a vu, cent pour un, la santé des populations y est généralement placée dans les conditions les plus favorables. C'est un pays de forêts, de vallées et de montagnes, vous disent à l'envi MM. Bona Christave, Freeman et le capitaine Garnot; or, un pays montueux est par cela même d'une salubrité incontestable. L'opinion contraire, généralement accréditée, vient de ce que l'on juge sans cesse de Madagascar par la côte orientale sur laquelle la France, par suite du voisinage de Bourbon et de l'île de France, forma ses premiers, ou, pour parler exactement, ses seuls établissemens. Il était cependant difficile de plus mal choisir au point de vue même des avantages coloniaux que l'on voulait réaliser. Il est, en effet, reconnu aujourd'hui que les fièvres intermittentes dont on parle ont leur siége naturel, exclusif, sur certains points de la côte occupés par nous originairement, et que ces points, si inconsidérément choisis par la domination française, sont placés dans des conditions de salubrité beaucoup moins favorables qu'une infinité d'autres parties de ce même littoral. C'est ainsi que le *Fort Dauphin*, le siége le plus ancien de notre établissement dans ces contrées, figure à l'extrémité sud-est de l'île; *Tamatave*, *Foulpointe*, *Tintingue*; l'île *Sainte-Marie* elle-même, à peine séparée de Madagascar par quelques lieues, sont à peu près échelonnées à la partie moyenne de la côte orientale. Au contraire, et plus on avance dans le nord sur cette côte, plus la salubrité est parfaite. C'est une particularité qui est attestée par les divers explorateurs, et cela est, du reste, facile à comprendre. Ainsi donc le passé ne saurait, sur ce point, régler les appréciations du présent. Mais, au surplus, et suivant qu'il vient d'être observé, l'on ne peut raisonnablement juger du climat de Madagascar par les influences qui régnent sur quelques points de la côte orientale. Rien, absolument rien, n'autorise à faire une confusion que la science et les plus récentes observations se réunissent pour combattre. Après avoir dit du climat de cette île, en général, qu'il est tel qu'on le rencontre dans les pays *intertropicaux*, l'auteur, déjà cité, d'un travail géographique et topographique sur Madagascar, signale exclusivement *l'insalubrité des côtes* ; voici le langage que tient à ce sujet cet officier de notre marine royale :

« *L'intérieur* et principalement le château d'Ankove jouissent d'une *réputation méritée de salubrité*. Mais il n'en est pas de même des côtes, où les rivières et les marigots, à l'Est et à l'Ouest, des plaines de vase alternativement couvertes et découvertes, font régner la fièvre intermittente, principal obstacle contre lequel sont venues échouer les tentatives d'établissemens que les Européens ont cherché à faire depuis environ deux cents ans (2). »

(1) Tout le monde connaît les influences pernicieuses qui règnent encore aujourd'hui à Rochefort, à Marennes, aux environs de La Teste ainsi que sur divers points de notre littoral méditerranéen.

(2) Voir *Annales maritimes et coloniales*, année 1844.

On le voit, l'auteur de cette appréciation non-seulement restreint dans de justes limites l'inconvénient signalé, mais l'insalubrité dont il parle serait surtout attestée, à ses yeux, par des tentatives d'établissement remontant la plupart à une époque déjà ancienne.

Or, ce sont précisément ces tentatives, mal combinées en général, et procédant ensuite d'une mauvaise assiette, qui seraient, suivant nous, à l'heure qu'il est, de peu de poids.

Veut-on savoir, au surplus, quelles lumières notre marine marchande, lorsqu'elle a voulu sérieusement se rendre raison, sur les lieux, de la fâcheuse renommée faite à ce littoral, est parvenue enfin à jeter sur cette thèse ? veut-on l'entendre faire hautement justice de préventions exagérées ?... Écoutons M. Pallier, capitaine du navire le *Picard*, dont le rapport figure aux *Annales Maritimes*, sous une date récente :

« Ayant fait huit voyages à la côte orientale de Madagascar, depuis Sainte-Marie jusqu'à Mananzary, et ayant séjourné en dernier lieu sur cette côte pendant les sept derniers mois de 1843, j'ai pu recueillir sur ce pays des observations que je crois utile de présenter.

» Pendant le premier voyage que je fis à Madagascar, *aucun des hommes* de mon équipage ne tomba malade ; pendant le deuxième, il en fut de même. Dans le troisième, nos craintes commencèrent à s'apaiser : nous étions tous bien portans. Notre bonne santé a continué durant toute notre campagne, *ce qui nous fera refaire ces voyages avec la plus grande confiance*. Il ne faudrait pas cependant en conclure qu'il n'existe pas de fièvre intermittente dans le pays. Il y est mort une très-grande quantité de personnes, *la plus grande partie par suite d'excès en tous genres*, d'autres par imprudence et de mort naturelle ; *mais très-peu de la fièvre intermittente*, qu'il est facile d'arrêter avec quelques prises de quinine et quelques purgatifs joints à une grande sobriété. »

Ce marin continue :

» Tamatave, sur la côte Est, était autrefois un point réputé *très-malsain* ; les commerçans qui habitaient ce point et différens autres, se livraient, avec les capitaines qui fréquentaient cette côte, à la traite des noirs, *et y faisaient des orgies presque continuelles, passant les nuits à table et au jeu et se servant d'eau-de-vie et de punch pour couper la fièvre*. Il n'était pas rare de voir conduire en terre un malheureux qui avait ainsi passé toute la nuit à table et *dans des excès de tous genres*.

» Les commerçans qui habitent maintenant Tamatave et les autres points de la côte orientale de Madagascar, ne s'occupent que d'un commerce régulier, menant généralement une vie comme celle que l'on mène dans les colonies, et soignant leur santé autant que leurs facultés leur permettent de le faire, puisque tous jouissent d'une bonne santé et beaucoup sont très-bien portans. On pourrait ajouter que quelques petits marais qui ont été comblés, des eaux croupies que l'on a détournées et des bois qui ont été abattus , peuvent avoir contribué à diminuer la force des fièvres. »

Le capitaine se résume et formule ainsi son opinion :

« *Je crois que les mortalités venaient moins des fièvres intermittentes que de l'inconduite, de l'intempérance et des mauvais soins médicaux données aux malades.* »

Le capitaine Garnot, qui a fréquenté pendant près de dix ans ces mêmes parages, partage l'opinion du capitaine Pallier, et, comme lui, il n'a jamais eu un seul homme de son équipage malade, tandis que dans son dernier voyage à Calcutta, en 1844, il a eu tout son monde à l'hôpital.

Ainsi, au lieu de vivre dans ces parages avec le soin , la tempérance que la population des colonies observe en général, les premiers arrivans s'étaient affranchis de toute règle et se livraient sans retenue à toutes les excentricités du loisir européen ; et lorsque cette vie aventureuse, que ne venait secourir et réparer aucun soin médical éclairé, conduisait le fondateur récent d'un établissement à la ruine de sa santé et de ses intérêts, à la mort , on mettait sur le compte du climat ces mécomptes, produits généralement par une vie désordonnée et sans excuse.

Les faits viennent au surplus confirmer ces observations judicieuses, recueillies *sur les lieux mêmes* par le capitaine Pallier, à la suite de nombreux voyages. Ce marin parle de plusieurs Européens fixés à Madagascar, et que leur bonne conduite fait triompher des influences du climat. C'est du reste ce qui parait être arrivé au bout de peu de temps même à l'île Sainte-Marie (1). L'une des premières maisons de Bourbon, la maison Routaunay et Delastille, la même qui fit passer en 1843 trente mille fusils français à la reine des Hovas, possède sur toute la côte de vastes établissemens, des sucreries, des rhumeries, etc. Voici ce que dit à ce sujet le capitaine Pallier :

« MM. Rontaunay et Delastille ont., dans ce pays , de grands établissemens d'industrie et de commerce situés entre Fénériffe et Mananzary ; ils sont tous gérés par un grand nombre de Français d'Europe qui y sont employés depuis 1828. Jusqu'à ce jour, ils ont payé le tribut à la fièvre du pays. ; s'ils ne sont pas tous revenus à une parfaite santé, du moins, ils ont résisté à l'insalubrité du climat. Cette maison n'a à regretter que la perte de quelques employés qui, m'a-t-on dit, ne sont pas morts des fièvres de Madagascar. »

Aussi, il n'y a véritablement pas lieu de se préoccuper de l'opinion défavorable qui tendrait à faire de Madagascar une station comparable pour l'insalubrité du climat à La Guyane ou à Sierra-Leone. Outre que cela ne peut s'appliquer à l'intérieur de l'île qui est d'une salubrité reconnue, les points de la côte orientale , occupés jusqu'à ce jour , constituent des bases d'appréciation mal choisies et dont on a , au surplus,

---

(1) Voici ce qu'on lit à ce sujet dans le dictionnaire *Géograghique Universel.*

« SAINTE-MARIE. — Bordée de brisans au Sud et à l'Est, les terres y sont généralement pierreuses et sablonneuses; et l'on y voit des marais fangeux. Le *climat fut d'abord funeste* à cette colonie, dont la prise de possession, au nom de la France , date de 1822 ; *mais l'expérience en triompha bientôt.* »

exagéré les influences. Telle est la vérité tout entière, sur ce point, qui la question, et auquel, pour cette raison, il convenait de donner un certain développement.

Et maintenant qu'il est établi que la France a eu de tous temps des droits sur Madagascar, droits appuyés sur une possession incontestable; aujourd'hui, qu'il est démontré que nous n'avons jamais renoncé à nous prévaloir de ces droits, à les exercer, la reine actuelle n'ayant, à aucune époque, été reconnue comme souveraine de l'île ; alors que, d'autre part, il reste évident que les considérations tirées de l'insalubrité du climat ne peuvent raisonnablement influer sur la solution à intervenir, il ne reste plus qu'à faire voir, en quelques mots, l'importance des intérêts qui commandent à notre politique de ne prendre, en cette occasion, conseil que de sa juste susceptibilité. Les événemens du mois de juin dernier ont, en effet, définitivement marqué l'heure où la France doit demander, *au droit de la guerre*, le rétablissement sur un pied formidable de sa domination à Madagascar. — Réduire la question à ces simples termes, c'est l'avoir presque sur-le-champ résolue.

Il n'est personne, en effet, qui ne soit vivement frappé des avantages que présente à la France cette magnifique station dans l'Océan Indien: au Nord-Est, la plus belle rade du monde, rade auprès de laquelle celle de Brest n'est rien, pour parler le langage de nos marins. Cette baie, l'une *des plus fermées*, des plus sûres qui existent, porte le nom de baie d'Antombouck ou de *Diégo Suarez*. La salubrité de tout le pays environnant est généralement reconnue (1). Un peu plus bas, toujours à l'Est, le port *Louquez*, dont les marins de toutes les nations s'accordent à louer les avantages ; un peu plus au Sud, le beau port de *Vohémar* ; plus loin, enfin, dans cette même direction, la spacieuse baie d'*Antongill*, sans compter plusieurs autres ports, jusqu'à *Tamatave* dont on pourrait facilement faire un port spacieux et sûr pour les plus grands navires ; sur la côte Ouest, les ports *Ambavanibe* ou de *Liverpool* ; de *Dalymple*, de *Badamé*, de *Matzamba*, la magnifique baie de *Bombétok* (2), les mouillages de *Moroundava*, des îles du *Meurtre* et de Saint-Augustin: tels sont, au premier aspect jeté sur la carte, les points importans qui offrent à nos vaisseaux un sûr abri en tout temps. L'histoire des deux derniers siècles abonde en renseignemens précis à cet égard. La France ne peut, en effet, avoir oublié de quel secours était pour ses flottes, obligées de se réparer, notre ancienne domination à Madagascar (3). Remarquons bien à ce sujet, et l'observation a de l'im-

(1) Consulter pour se faire une idée de la beauté de cette rade, les magnifiques travaux hydrographiques exécutés en 1824, sous la direction du capitaine Owen, en conformité des ordres de l'amirauté de Londres.

(2) Il existe de cette baie une admirable carte dont le ministère de la marine a fait faire chez nous les études dans ces derniers temps.

(3) Le célèbre administrateur de nos possessions françaises dans les mers des Indes, Mahé de la Bourdonnais, fut obligé, en 1746, d'aborder à Foulepointe, après avoir vu sa flotte battue, désemparée par la tempête ; grâce aux bois que lui fournit Madagascar, il put se réparer pour s'élancer de nouveau à la poursuite des Anglais ; ceux-ci perdirent presque aussitôt Madras. — Aujourd'hui, notre marine n'ose prendre à Madagascar les bois que le gouvernement de la reine laisse perdre misérablement.

portance, que les produits de l'île ne consistent pas seulement en *riz*, principale nourriture des habitans, en *cannes à sucre*, *bananes*, *coton* et *chanvre* : ce sol offre d'autres ressources et qui ont une fort grande valeur soit d'exportation, soit d'approvisionnement pour les vaisseaux :

« Cette île, nous dit le capitaine Garnot, dont la relation est à cet égard d'accord avec les récits les plus estimés, cette île fournit tout ce qui est nécessaire pour *ravitailler une escadre. Les bois de construction et de mâture y sont en abondance et de la meilleure qualité.* Le fer y apparaît en quelque sorte *à fleur de terre*, et y est excellent : il y est même supérieur aux fers de Suède. On y a trouvé aussi *du cuivre ;* les blés d'Europe y donnent deux récoltes par an, ainsi que le blé qu'on y cultive. Il y a aussi beaucoup de moutons du genre de ceux du Cap ; les volailles de toute espèce y abondent, et les bœufs enfin y sont nombreux et fournissent journellement aux besoins de Bourbon et de Maurice. »

L'on se rappelle, en outre, que dans son voyage à Tananarive, M. Garnot eut l'occasion de voir des plants de café d'une belle venue et il y vit aussi de beaux plants de rocou. De son côté, le capitaine de corvette Guillain signale les divers points de la côte ouest comme pouvant fournir abondamment à l'exportation, « la *cire*, la *soie*, l'*ébène* et le *santal.* » — Les richesses naturelles de Ménubé, dit cet officier après avoir déclaré sans hyperbole que le sol de cette province *sue le fer*, ses richesses naturelles sont « *les bois de construction, la résine élémi, l'indigo, le coton, les vers à soie, la cire et le bétail :* ce dernier article y est très-abondant. » Le même explorateur ajoute que les indigènes cultivent particulièrement le *maïs* qui donne *trois récoltes par an.* « Le ver à soie, continue M. Guillain, n'est pas une richesse particulière à la province de *Férigne ; toutes les provinces de l'ouest* en possèdent. Cette province est intéressante par les avantages qu'en pourra retirer le commerce de *Bourbon* et de *Nossi-Bé*, si l'on prend les mesures propres à assurer toute sécurité à nos traitans » (1).

A ces produits, il y en a une foule d'autres que l'on peut ajouter, tels que la gomme copal, la gomme laque, les cuirs, le tabac qui y est d'une très-bonne qualité, le girofle, l'orseille, les bois de teinture et d'ébénisterie, le caoutchouc, le sagou, le safranum, etc., etc., et suivant le capitaine Pallier, le *charbon de terre* dont quelques explorateurs n'avaient pu encore reconnaître l'existence à Madagascar.

On le voit donc, tout se réunit, tout concourt à faire de Madagascar un élément de richesse commerciale et de puissance maritime incontestable, le jour où la domination de la France sera fortement assise dans ces contrées, assise de manière à dominer à tout jamais sur cette vaste étendue de pays. Nos intérêts, nos droits se prêtent ici une force mutuelle, un mutuel appui. Avec une puissance sérieusement établie dans ces parages, jamais Bourbon, jamais l'Ile-de-France n'auraient eu à redouter les entreprises d'une nation rivale. Il y a mieux : entre la France et l'Angleterre la paix serait pour long-temps assurée, car des

(1) Voir *Annales maritimes et coloniales*, 1843. — Renseignemens commerciaux sur la côte ouest de Madagascar et l'avenir de *Nossi-Bé*.

deux côtés existeraient des élémens de force se faisant à peu près équilibre. — Aussi la population de Bourbon, qui voit, qui comprend, tout cela appelle-t-elle de tous ses vœux le rétablissement d'une influence qui soit pour cette colonie un point d'appui, en même temps que cet état de choses serait l'occasion de nombreux échanges entre notre colonie et Madagascar.

Et qu'on le remarque au surplus, ce n'est pas seulement Bourbon qui puiserait dans cet ordre de choses une prospérité, une force ascendantes; nos autres possessions dans cette mer des Indes exigent pour avoir quelque valeur, réclament impérieusement un tel appui. Sans parler de Pondichéry et des quelques comptoirs (c'est le nom qu'il faut donner à ces lambeaux de puissance que l'Angleterre tolère à ses côtés), sans parler de ces établissemens, l'île de *Nossi-Bé* que la France occupa en 1840, plus loin l'île de Mayote et enfin l'île de Sainte-Marie elle-même, ne sont rien, commercialement parlant, sans le rétablissement sur un pied respectable de la domination française à Madagascar. Dire que ces possessions ne sont rien, c'est manquer d'exactitude en un certain sens : placées comme elles le sont à la discrétion de l'Inde anglaise, ces îles constituent de véritables embarras politiques. Personne n'ignore en effet qu'il entre dans les conditions d'un bon système colonial de présenter une foule de points fortement reliés ensemble par de vives et puissantes adhérences, de manière à suppléer en quelque sorte au désavantage résultant de l'éloignement de la métropole.

Disons-le donc bien, en nous résumant sur tout ce qui touche à cette grande question, la situation est telle que la France n'a pas, à proprement parler, le choix de la solution. Sa puissance, en donnant à ce mot sa plus large acception, sa puissance est intéressée, à ce que le gouvernement Hova apprenne enfin ce qu'il en coûte à méconnaître d'anciens droits et à braver ouvertement une grande nation. L'issue de la lutte ne peut être un instant douteuse (1); et, quoi qu'il arrive, l'Europe n'a pas à s'en occuper; — A la guerre à prononcer, puisque la reine des Hovas fait ouvertement appel à la force (2) !

(1) Vainement on s'étudie à représenter comme de redoutables ennemis les Hovas, sans paie et sans subsistance, qui composent la milice de la reine. Si ceux qui s'étendent si complaisamment sur le courage de ces guerriers avaient pu entendre, il y a quelques années, le grand-juge *Philibert*, racontant de quel effroi fut un moment saisie cette troupe au début de l'expédition Gourbeyre, on les verrait se montrer beaucoup moins affirmatifs à cet égard. Une panique générale s'étant emparée des soldats et des chef hovas, chacun de s'élancer dans les pirogues et de fuir à force de rames ; quelques embarcations se trouvant, dans ce désordre, avoir perdu les pagayes : *Nagez avec les mains, coquins ! nagez avec les mains !* criaient les chefs hovas à leurs malheureux satellites pour hâter cette fuite précipitée. Il fut un moment où les conseils de la peur ayant prévalu chez l'ennemi, la reine fit faire des propositions qu'on dût regretter ensuite d'avoir hautement repoussées.

(2) *Nota.* L'expédition française doit, pour bien opérer, partir en février ou mars au plus tard, afin d'arriver en mai ou juin à Madagascar. Les troupes auront ainsi devant elles cinq à six mois de chaleurs presque nulles, et qui, ne causant pas de fièvres, leur permettront de s'acclimater.

Une seule chose est véritablement à considérer pour l'avenir de notre influence dans ces contrées : nous voulons parler du système qui devra présider à l'expédition qui va partir. L'essentiel, en de tels cas, n'est pas seulement, comme on pourrait le croire, de se montrer avec de nombreux vaisseaux et des troupes formant une masse imposante. Si l'appareil de la force est indispensable à Madagascar, ne perdons pas de vue que c'est surtout contre le gouvernement hova, qui domine en maître, et en *maître odieux*, qu'il faut en diriger l'effet. L'habileté consisterait donc particulièrement à créer de ces utiles diversions, à utiliser dans l'île toutes ces divisions intérieures qui rendent le gouvernement hova si chancelant sur sa base, et qui peuvent en fort peu de temps nous fournir des appuis au sein d'une population durement exploitée par quelques oppresseurs.

Il faut que tous ces peuples, qui ne connaissent le gouvernement de la reine que par la corvée et par les déprédations d'une milice indisciplinée, il faut que ces peuples voient en nous des libérateurs et non d'avides conquérans, que préoccupe médiocrement l'intérêt des populations. Au nombre des provinces dont se compose l'île, il en est qui subissent, en le maudissant, le joug des Hovas ; d'autres qui combattent encore, celles-ci faiblement, celles-là avec avantage. Ces provinces, on le comprend, béniront l'étranger qui, pesant d'un effort constant sur la puissance hova, s'opposera à ce qu'elle trouble désormais dans leur culture soit les malheureux restes des *Sakalaves*, soit le riche pays de Ménabé. A ces peuples industrieux, que désole et que ruine incessamment le soldat hova, la France doit une protection efficace. A ces conditions, non-seulement nos armes triompheront sans peine du gouvernement hova, mais les sympathies de la nation malgache, qui sont pour nous de temps immémorial, nous permettront, par la possession de quelques points importans, d'asseoir définitivement sur de larges bases notre domination dans ces contrées. Si le gouvernement hova vit dans une crainte constante de l'étranger (1), et lui dispute incessamment, par ce motif, l'occupation d'un point quelconque de Madagascar, les Malgaches, le peuple hova lui-même, si porté au commerce, verront aussitôt, dans l'établissement permanent de notre domination, un signe évident de puissance, et assurés désormais contre l'avenir, ils se prononceront presqu'aussitôt et définitivement pour nous. — Ainsi sera rétablie, pour être à tout jamais consolidée, notre légitime domination à Madagascar.

Tel est, au résumé, au point de vue d'une possession incontestable et de l'intérêt français, tel est le droit de la France sur cette contrée ; tels sont les devoirs de sa politique. Si l'on hésite dans la circonstance actuelle à faire une démonstration de quelque valeur contre les avanies

(1) L'appréhension dans laquelle vit le gouvernement hova, en ce qui touche les nations d'Europe, est telle que lors du voyage des ambassadeurs malgaches, il leur fut défendu, sous peine de mort, de rien raconter sur les ressources militaires des gouvernemens anglais et français. A leur retour à Madagascar, ces personnages gardèrent en conséquence un silence absolu sur tout ce qu'ils avaient pu voir. Le capitaine Garnot, qui rappelle cette circonstance, a du reste pu apprécier, en plus d'une occasion, combien la supériorité européenne est redoutée par les chefs hovas.

du gouvernement Hova, sans attribuer ces hésitations aux ménagemens que l'on croit devoir garder envers l'Angleterre. Et ce serait le cas de demander quelles sont en retour les compensations dont nos voisins paient de tels ménagemens, disons mieux, de telles craintes. —Les voit-on, en effet, sacrifier aux susceptibilités de la France leur agrandissement incessant dans l'Inde ; voit-on qu'ils s'arrêtent de ce côté dans la voie de conquête où leur politique est engagée ?... hésiteraient-ils enfin à donner de plus en plus de larges bases à leur puissance par respect pour une alliance qui leur ferait d'autre part d'énormes sacrifices ? .. Non ; le peuple anglais obéit là comme toujours aux instincts de sa politique, à ses désirs d'agrandissement, et l'on ne comprendait pas dès-lors comment la France songerait à lui faire le sacrifice de ses intérêts, de son droit, car c'est de notre droit violé et méconnu qu'il s'agit à cette heure. Tel est cependant le seul, le véritable motif des incertitudes de notre politique dans cette question. Or nous n'avons pas besoin de dire à quel point un tel système est condamné par la situation présente, hésiter à revendiquer son droit c'est sacrifier les intérêts de notre commerce, ceux de notre colonie de Bourbon, et toute notre puissance d'avenir dans l'Océan Indien, à de déplorables appréhensions. — Le bon droit étant pour nous, l'Angleterre elle-même sera forcée de subir comme toujours les conséquences de cette situation, le jour où nous ferons valoir notre droit, et la paix ainsi fondée, sera, on peut le dire, plus que jamais assurée.

OBSERVATIONS thermométriques d'après Réaumur, faites par le capitaine A. GARNOT, pendant son séjour à Tananarive, capitale de Madagascar, située par 18° 54' 40" de latitude australe et par 45° 30' de longitude à l'orient du méridien de Paris.

MÔIS DE DÉCEMBRE 1837.

Jours.	7 h. M.	Midi.	2 h. S.	6 h. S.	10 h. S.	OBSERVATIONS.
1er.	15°»	17°»	18°»	17°5	16°»	B. T., pl. et tonn. à 4 h. 1/2 du s.
2	14.»	17.5	18.5	18.»	17.»	B. T. pl. et tonn. à 3 h. du s.
3	13.»	13.5	14.5	15.»	14.8	T. C., à 2 h. petite pluie sans ton.
4	13.»	16.»	16.5	17.»	17.»	B. T., à 6 h. orage, à 7 h. pl.
5	14.8	15.2	16.2	15.5	15.2	B. T., à 2 h. orage et pluie.
6	14.»	14.8	15.2	14.5	14.5	B. T. C., à 6 h. pet. pl. s. orag.
7	13.»	13.5	14.»	14.»	14.5	B. T. toute la journée.
8	13.5	14.5	16.5	16.2	15.5	B. T. id.
9	14.5	15.5	16.2	16.5	17.»	B. T. à 9 h. du s., pl. et un p. d'or.
10	15.»	16.»	16.5	17.»	17.»	B. T., à 5 h. du s. pet. pl. et ton.
11	15.»	17.»	17.6	19.»	18.6	B. T. Les éclairs et tonn. sans pl.
12	16.8	18.6	19.»	20.»	18.5	B. T. chaud, à 6 h. tonn. et écl., à 8 h. pluie.
13	16.»	18.»	18.5	18.»	16.5	B. T. à 3 h., grande pl., tonn. violent et éclairs continus.
14	16.»	17.5	18.»	18.»	18.»	B. T., l'après-midi couvert, un peu orageux sans pluie.
15	15.5	16.»	16.»	16.2	16.»	T. C., à midi pet. pl. sans orage.
16	14.»	15.»	16.»	16 5	16.5	B. T.
17	14.»	15.»	16.»	16.»	16.»	B. T., mort du gr juge Razère, frère de Raini Hiar, favori de la reine.
18	14.5	16.»	15.5	15.3	15.2	B. T., à 8 h. du s. pl. sans orag.
19	13.6	14.5	15.»	15.»	14.2	T. pluv. presque toute la journ., enterrement de Razère.
20	14.»	14.5	15 »	15.2	15.»	T. C. et souvent pluvieux.
21	14.6	16.5	17 »	18.»	17.»	B. T., à 7 h. du s. gr. pl. et ton.
22	15.7	17.5	18 3	18.5	17.5	B. T., à 8 du s. pluie et tonn.
23	16.»	17.6	18.»	18.»	17.6	T. C. et pluvieux, à 7 h. du m. B. T., le soir orage.
24	15.3	15 8	16.»	16.»	15.6	B. T. un peu couvert.
25	15.»	16.5	17.»	16.5	16.»	B. T. C., s'élève à midi forte brise. Le soir feux hors la ville p. le 1.er de l'an Malgache.
26	14.8	15.3	16.3	17.5	17.»	B. T., 1.er de l'an Malgache.
27	15.8	17.»	17.5	18.2	18.»	B. T.
28	16.5	17.5	18.»	17.5	17.»	B. T., à 10 s. pl. d'orage de peu de durée.
29	15.»	16.5	17.»	17.2	16.5	B. T., à la nuit grande brise.
30	14.»	15.»	16.»	16.5	16.»	B. T., grande brise.
31	14.5	16.2	16.5	17.»	16.»	B. T., grande brise.

MOIS DE JANVIER 1838.

Jours.	7 h. M.	Midi.	2 h. S.	6 h. S.	10 h. S.	OBSERVATIONS.
1er	15° »	15° 8	16° 6	16° »	16° »	B. T., bonne brise.
2	14. »	15. 5	17. »	17. 3	17. »	B. T., peu de vent.
3	14. 3	16, 3	17. 3	17. 4	16. 6	B. T., à 7 h. s. pl. jusqu'à 8 h.
4	14. 6	15. 8	17. »	17. 3	16. 5	B. T. C., forte brise.
5	15. »	15. 5	16. 5	16. 8	16. »	B. T. C., parfois pet. pl., f** brise.
6	14. 3	15. 5	16. 3	16. 5	15. 5	B. T.
7	13. 8	15. »	17. »	16. 5	16. 3	B. T. couvert et brumeux.
8	14. 2	16. 5	18. »	17. 8	17. 5	B. T.
9	14. »	17. »	18. »	19. »	18. 5	B. T.
10	17. »	18. »	18. 6	19. »	18. »	B. T., l'après-midi orageux.
11	17. »	18. 3	20. »	21. »	19. »	B. T., le soir orageux.
12	17. 5	19. »	20. »	20. »	18. »	B. T., à 5 h. 1/4 pluie et tonn.
13	16. 5	18. 2	18. 6	18. 4	18. »	B. T., à 6 h. s. pl. et un p. de ton.
14	16. 5	16. 5	17. »	16. 5	16. »	B. T. C., l'après-midi pet. pl.
15	14. 8	16. »	16. 2	16. 2	16. »	B. T.
16	14. »	15. »	16. 5	15. 5	15. »	T. C. et pluvieux, à 8 h. m. B. T., à 8 h. s. petite pluie.
17	14. »	15. 5	16. 5	16. 3	16. »	B. T. C., à 7 h. s. pet. pl. jusqu'à 11 h.
18	15. »	16. »	17. »	16. 5	16. »	T. C., à 2 h. 1/2 pluie continue et un peu de tonnerre.
19	14. 3	15. 2	16. 5	15. 5	15. »	T. C., à 3 h. pluie continuelle.
20	14. 5	15. 2	16. »	16. 3	15. 5	T. pluv., à 9 h. B. T., à 4 h. s. pluie et tonnerre.
21	14. »	15. 5	16. 5	16. 8	15. 8	T. C., à 6 s. grande pluie.
22	15. »	16. 5	17. 2	17. »	16. 5	B. T., à 6 s. grande pluie et tonnerre toute la nuit.
23	15. 2	17. »	17. 3	17. »	16. 7	T. C. mais beau.
24	16. »	17. 2	18. »	17. 5	17. »	B. T., à 2 h. s. pluie d'orage.
25	16. »	17. 5	18. 2	19. 3	18. »	B. T., le s. T. orag. et presque sans pluie.
26	16. 5	17. 5	18. 5	18. »	17. »	B. T., à 3 h. 1/2 grande pluie d'orage continuelle.
27	16. »	17. »	18. »	17. 5	16. 5	B. T., à 5 h. forte pl. jusq. 9 h.
28	15. 8	17. 3	18. »	17. »	16. 8	B. T., à 4 1/2 pluie et tonn.
29	16. »	16. 8	17. 3	17. »	16. 3	B. T., à 2 h. orage et pluie cont. pendant toute la nuit.
30	15. 5	16. 5	17. 5	17. 3	17. »	B. T., le s. grande brise.
31	15. 5	17. »	18. »	19. »	17. 3	B. T., à 4 h. 1/2 orage, à 6 h. gr. pl. et tonn. très-violent.

MOIS DE FÉVRIER 1838.

Jours.	7 h. M.	Midi.	2 h. S.	6 h. S.	10 h. S.	OBSERVATIONS.
1er	15°5	17°»	18°»	17°5	17°»	B. T.
2	16.»	17.5	19.»	20.»	18.5	B. T., à 7 1/2 s. pluie et orage.
3	16.5	17.8	18.3	17.»	16.8	B. T., à 1 s. pluie cont. et orage.
4	15.3	17.»	18.5	17.5	17.»	B. T.
5	15.5	17.2	18.»	18.3	18.»	B. T., l'après-midi T. orageux et un peu de pluie.
6	16.»	17.»	18.3	18.»	17.5	B. T., le s. orage et pluie.
7	16.»	17.»	18.8	18.»	17.»	T. C., à 3 h. orage, à 6 h. gr. pl.
8	16.5	18.»	18.»	17.5	17.»	B. T., à 2 h. pluie et tonnerre.
9	15.2	17.»	18.»	18.5	18.»	B. T., à 6 h. pl. d'orage de peu de durée.
10	16.5	18.2	18.3	18.»	16.7	B. T., à 4 h. 1/2 pluie contin.
11	15.»	16.»	17.»	17.»	16.5	B. T.
12	15.»	16.»	16.5	16.5	15.3	B. T., grande brise. à 2 h. orage et pluie de peu de durée.
13	14.8	15.3	16.5	16.4	15.5	B. T.
14	15.»	16.5	18.»	18.3	17.5	B. T., le s. temps orag. sans pl.
15	16.5	17.5	17.6	17.8	17.»	B. T., à midi pluie jusqu'à 1 h.
16	16.5	17.5	18.2	17.5	17.»	B. T., à 4 h. gr. pl. d'or, cont.
17	15.»	16.3	16.6	16.3	15.6	T. C. toute la journée.
18	15.2	16.5	18.5	18.»	17.5	T. C., le s. orage, à 9 h. grande pluie et tonnerre violent.
19	16.»	17.»	17.5	17.»	16.5	B. T., à 2 h. pl. cont. et tonn.
20	15.3	16.»	18.»	17.»	16.3	B. T., à 3 h. orage violent et pluie jusqu'à 9 h.
21	15.5	17.3	18.2	18.»	17.»	B. T., à 6 h. T. orag. gr. brise.
22	15.7	17.2	18.»	18.»	17.5	B. T.
23	15.6	17.5	18.3	18.5	17.5	B. T., l'après-midi grande brise.
24	16.»	17.»	18.»	18.4	17.3	B. T.
25	15.3	16.5	17.8	18.2	17.»	B. T.
26	15.3	16.2	17.3	17.8	16.7	B. T.
27	15.»	16.3	17.4	17.2	16.»	B. T. grande brise , à la nuit le vent a tombé.
28	15.2	16.»	17.»	17.2	16.3	B. T. couvert.

MOIS DE MARS 1838.

Jours.	7 h. M.	Midi.	2. h. S.	6. h. S.	8 h. S.	OBSERVATIONS.
1.er	15°»	16°»	17°»	17°»	16°5	B. T. couvert.
2	15.2	16.5	17.5	17.8	17.»	B. T. couvert.
3	15.5	16 8	18.3	18.»	17.8	B. T.
4	16.5	17.5	19.5	19.»	18.5	B. T., à 5 h. gr. pluie d'orage.
5	17.»	18.»	19.6	19.4	18.»	B. T., à 4 h. pluie et tonnerre.
6	16.»	17.5	18.7	18.5	18.»	B. T., à 5 h. T. orageux, à 8 h. grande pluie et tonnerre.
7	16.»	18.»	18.4	18.»	17.»	B. T., à 5 h. pluie et orage.
8	15.5	17.5	18.»	17.5	17.»	B. T.
9	16.»	17.3	17.5	17.»	16.»	B. T., l'après-midi gr. brise.
10	15.»	16.»	17.3	17.»	16.»	B. T. C., le soir grande brise.
11	15.»	16.2	16.6	16.3	15.8	B. T. C., à 4 h. pl. jusq. 6 h.
12	14.6	16.»	17.»	16.8	16.»	B. T. C., à 3 h. un peu de pluie.
13	14.8	16.5	17.3	17.»	16.8	B. T.
14	15 5	17.5	18.3	18.»	17.»	B. T., à 2 h. orage, à 6 h. pluie jusqu'à 8 h.
15	16.»	17.3	17.5	16.8	16.»	B. T., à 2 h. pluie continuelle.
16	15.6	17.»	18.»	17.8	17.3	B. T., le s. orage sans pluie.
17	16.2	17 3	17.5	17 »	16.5	B. T., à 4 h. or. et pl. t. la nuit.
18	15.8	16.8	18.»	17.5	16.8	B. T. C.
19	16.»	17.4	18.»	17.3	17.»	B. T., à 2 h. orage sans pluie.
20	15.»	17.»	17.8	17.2	16.7	B. T., à 3 h. orage, à 8 h. pluie.
21	15.5	16.3	16.7	16.5	16.5	B. T. C.
22	14.8	15.5	16.7	16.7	16.»	B. T. C., à midi le temps clair.
23	14.7	16.»	16.8	16.5	15 5	B. T.
24	14.5	15.8	17.5	17.3	16.8	B. T.
25	15.5	16.5	17.8	17.»	16.3	B. T. forte brise.
26	15 3	16.5	16.8	16.3	15.5	B. T., à 6 h. s. un peu de pluie.
27	15.»	16.»	17.»	16.5	16.»	B. T.
28	15.»	16.»	17.»	16.5	16.»	B. T. C.
29	15.3	16.6	17.5	17.»	16.»	B. T. C.
30	14.5	16.»	17.»	16.8	16.»	T. C.
31	15.»	16.3	17.»	16.8	16.5	B. T. C.

MOIS D'AVRIL 1838.

Jours.	7 h. M.	Midi.	2 h. S.	6 h. S.	10 h. S.	OBSERVATIONS.
1er	15°5	17°»	18°»	17°5	16°4	B. T.
2	15.»	16.5	17.3	17.»	15.5	B. T. C.
3	14.»	15.3	17.5	17.»	15.7	B. T.
4	14.3	16.8	17.6	17.»	16.»	B. T.
5	15.»	16.8	18.»	17.5	16.»	B. T. C.
6	14.8	16,4	17.8	17.3	16.6	B. T. C., à 10 h. temps clair.
7	15.»	16.3	17.3	17.»	16.3	T. C.
8	14.8	16.6	18.»	17.5	17.»	B. T., l'après-midi T. orag., à 7 h. gr. pl. jusqu'à 2 h. du m.
9	15.5	17.»	17.5	17.»	16.6	B. T., à 2 h. pl. jusqu'à 5 h.
10	15.»	17.»	19.»	18.8	18.»	B. T., l'après-midi orag., à 9 h. pluie.
11	15.6	17.3	18.»	17.3	16.3	B. T.
12	14.8	16.2	17.8	17.6	16.»	B. T., à 8 h. s. pl. jusq. 11 h.
13	14.7	15.5	17.6	17.5	17.2	B. T. C.
14	15.5	16.6	18.3	17.8	17.4	T. C. et brumeux.
15	16.5	18.»	20.»	19.8	19.»	T. C., à 10 h. temps superbe.
16	17.3	19.3	20.8	20.»	19.2	B. T. chaud, à 4 h. un peu de pl.
17	16.»	16.4	17.»	16.6	15.»	T. C., à 1 h. un peu de pluie.
18	12.»	13.3	14.8	13.6	13.3	B. T. C., forte brise.
19	12.8	14.4	15.3	13.5	13.»	B. T., à 9 s. petite pluie.
20	12.3	14.»	15.5	14.»	13.5	B. T. C.
21	12.5	14.»	16.»	15.»	13.7	B. T. C., à midi temps clair.
22	13.8	14.8	15.6	13.»	12.3	B. T.
23	11.8	15.»	16.3	15.5	14.2	B. T.
24	13.8	16.»	17.8	17.3	16.»	B. T.
25	14.7	17.»	17.6	16.3	15.»	B. T.
26	13.5	15.2	16.2	14.6	13.7	B. T. C., le soir T. orageux forte brise, à minuit grande pluie.
27	13.»	15.»	16.3	15.6	14.5	B. T., le s. grande pluie et orage.
28	13.»	15.«	16.»	15.5	14.8	B. T., à 9 s. orage et pluie.
29						dimanche, départ à 9 heures du matin pour retourner à Tamatave.

A 7 heures on m'avait envoyé 300 hommes pour prendre mes bagages et pour porter mon cadre.

Itinéraire de Tamatave à Tananarive en 1836.

De Tamatave à Ivondrou.........................	2 heures	1 jour.
D'Ivondrou à Taoumar par eau.....................	5	
De Taoumar à Tanyfoutsy par eau..............	1	} 1 dito.
De Tanyfoutsy à Ambalas par eau..	2	
D'Ambalas à Amboutelac........................	5	{
D'Amboutelac à Votanibre......................	6	} 1 dito.
De Votanibre à Passemahere....................	4	} 1 dito.
De Passemahere à Essendre....................	4	
D'Essendre à Mangabé..........................	4	{
De Mangabé à Marmandia.......................	4	} 1 dito.
De Marmandia à Ampirarus.....................	4	{
D'Ampirarus à Amboutiasine...................	5	} 1 dito.
D'Amboutiasine à Ouivasa.....................	3	} 1 dito.
Repos d'Ouivasa pour se préparer à entrer dans la forêt d'Amazote.		
De Ouivasa au premier poste de la forêt..........	4	{
Du premier poste au deuxième poste............	6	} 1 dito.
Du deuxième au troisième.....................	5	{
Du troisième à Ouitaoumbé....................	4	} 1 dito.
De Ouitaoumbé à Manyhar.....................	3	{
De Manyhar à Ambouypasse...................	4	} 1 dito.
D'Ambouypasse à Amboudiangave.............	5	} 1 dito.
D'Amboudiangave à Vatoumanga..............	7	} 1 dito.
De Vatoumanga à Betafo......................	4	{ 1 dito.
De Betafo à Tananarive.......................	2	} 1 dito.

93 heures 13 jours.

Itinéraire de Tananarive à Tamatave en 1838.

De Tananarive à Betafo.........................	2 h.		{ 1 jour.
De Betafo à Vatoumanga........................	4		
De Vatoumanga à Nossé Arrivo..................	2		} 1 dito.
De Nossé Arrivo à Amboudiangave..............	5		
D'Amboudiangave à Amboudinifidy.............	3		}
D'Amboudinifidy à Mangour.....................	2		} 1 dito.
De Mangour à Imouramanga.....................	3		
D'Imouramanga au premier poste de la forêt.......	4	1/2	} 1 dito.
Du premier au deuxième........................	3	1/2	
Du deuxième au troisième......................	3	1/2	}
Du troisième au quatrième et du quatrième à Befour.	7		} 1 dito.
De Bezour à Marzevou..........................	2	1/2	
De Marzevou à Impassimbé......................	3	1/2	} 1 dito.
D'Impassimbé à Vatouharana....................	6		
De Vatouharana à Ranomafana..................	4		}
De Ranomafana à Manamboutre.................	2	1/2	} 1 dito.
De Manamboutre à Maraoumbé..................	2		
De Maraoumbé à Andevourante par eau..........	5		} 1 dito.
D'Andevourante à Vavoune......................	5		} 1 dito.

De Vavoune à Ambaraoumbé. . . . .   7 h.   ⎫
D'Ambaraoumbé à Taoumar. . . . .   2 1/2   ⎬ 1 jour.
De Taoumar à Amboudiasine.   5   ⎭
D'Amboudiasine à Ivondrou par eau. . . . .   1/2   ⎫ 1 dito.
D'Ivondrou à Tamatave.   2   ⎭

                                                    87 heures 11 jours.

Ce dernier itinéraire est préférable à l'autre ; mais, en 1836, on ne laissait pas passer par ce dernier chemin.